岁月淌不尽的希望

River of Hope

岁月淌不尽的希望

River of Hope

周平

Ping Zhou

Second Printing 2025

Print ISBN: 979-8-9942009-1-9

我的祥
五十余载风雨同舟，相濡以沫
得夫如此，我复何求
·

我的孩子们
你们让我的人生圆满
更是我此生最大的骄傲

目录

前言

衡量人的一生，不在于走过多少岁月，而在于一个人以怎样的勇气穿越这些岁月。我的母亲周平，是一位在时代洪流中依旧坚守自我、以韧性与优雅照亮生命的人。她的人生轨迹横跨中国与美国，跨越了二十世纪最风雨飘摇的年代。

- 十八岁，她是中国顶尖大学的佼佼者，心怀成为下一位居里夫人的梦想。

- 二十岁，文化大革命爆发。她因参与起草一张名为《中央文革小组向何处去？》的大字报被捕，被打成"现行反革命"，投入监狱。

- 三十岁，她带着两个孩子，住在一间黄土屋里，却仍与丈夫祥并肩奋战，再度踏上求学之路，重返校园。

- 四十岁，她跨越太平洋，带着两个行李箱与对未来的渴望，在美国重新开始。

- 四十九岁，她与丈夫并肩站在乔治·华盛顿大学的博士毕业典礼上，成为全场年龄最大的博士夫妇。

这些时间节点只是人生的坐标，而真正的故事，就流淌在坐标之间的岁月里。

1967年，她与几位同学贴出了一张大字报，提出了一个禁忌的问题："中央文革向何处去？"。答案来得迅速而残酷：周平被捕，被打成"现行反革命"。这个出自良知的举动，让她付出了整整十年的青春。

她的科学梦想被粉碎，从国家的精英沦为社会的最底层，被流放到河南偏远的县城化肥厂。在政治迫害的窒息黑暗中，她找到了两道指引前行的光——对教育力量的坚定信仰，以及来自丈夫祥的深厚爱情，他选择在世界转身离去时，与她共赴命运。

《岁月淌不尽的希望》跨越三代人的命运，描绘了一个家庭在二十世纪中国无休止的动荡中艰难前行的历程。这是一个父亲秘密教孩子学英文的故事，一个母亲用坚韧维系家庭的故事，以及一对"研究生夫妻"在万难之中重返课堂的故事。从牢狱的阴影、流放的沉重劳役，到在茅舍中建立家庭的静静灯火，再到最终在美国得到"迟来的学位"，这本书以平稳的笔触记录她如何在动荡中把生活拾起、续上。

《岁月淌不尽的希望》不仅是一部回忆录，更是关于抗争与自我重塑的见证。我的母亲以踏实而持久的勇气对抗强加于她的命运。她用行动昭示了一个真理：即便历史可以限定我们身处的舞台，却无法定格我们人生的终章。这本书诠释了当一切都被剥夺后，真正留下的是爱、家人，以及那条奔腾不息的希望之河。

第一部: 岁月淌不尽的希望 (1967 - 1991)

1967 年 1 月 1 日, 在北京西单出现了一张题为《中央文革小组向何处去? 》的大字报, 作者署名"中国科学技术大学雄师战斗队"。它曾经被传抄, 翻印, 流传到全国,"美国之音"也曾做过报道。

大字报贴出几天以后, 这张大字报的几位作者就被关进了监狱……

这颗小小的流星仅仅闪烁了一瞬间, 就消失在浓重的黑暗中。 而大字报的作者——我和我的同伴们却为此付出了十几年的青春。 从二十岁到三十岁, 这如花似锦的岁月是人生最美好的年华, 我们燃烧了自己, 却没有照亮世界。

许多年过去了, 人们关心地问: 文化大革命中这张著名大字报的作者后来怎么样了? 他们现在在哪里?

一. 迟到的学位

波多马克河像一条绿色的缎带, 蜿蜒地流过华盛顿特区的西南端。它是一条天然的分界线, 把华盛顿特区和维吉尼亚州分开。华盛顿特区的标志就是那屹立在市中心广场的华盛顿纪念碑。登上纪念碑顶部向四面望去, 这座城市的雄姿就展现在人们的眼前。它的东面是国会大厦, 西面是林肯纪念堂, 南面是杰弗逊纪念堂, 北面是白宫。

广场上的这三位伟人为建立美国的民主制度作出了杰出的贡献, 他们的贡献不在于生前人们的颂扬, 而在于历史的评价和后人的理解。华盛顿领导的独立战争使美国摆脱了英殖民主义, 实现了国家的独立。他以身作则, 建立了国家总统的任期轮换制度, 杰弗逊是美国宪法的制订者之一, 这部宪法的基本原则是基于一种永恒的朴素的民主意识和基本的人权理念, 直到今天, 这部宪法仍然是制定各项法律和政策的依据和经典, 是美国高中英语课本的重要一课。林肯领导的南北战争, 结束了农奴制度, 向着种族平等迈出了一大步。他们的历史功绩就像这座高耸入云的丰碑, 流芳千古, 与日争辉。正是这三位伟人所奠定的民主制度的基础, 使得这个年轻的国家充满创造力和活力, 在过去的两百年中, 美国出了二百多名诺贝尔奖得主, 创造了人类登月的奇迹, 造就了像贝尔、福特、比尔·盖兹、Jobs 这一代代风云人物。为人类科学和文明的进步做出了辉煌的贡献。

春天又来了, 华盛顿的 5 月是多么迷人, 鲜花似锦, 绿草如茵, 连泥土也洋溢着春意, 空气也弥散着芳香。1994 年 5 月, George Washiongton 大学的毕业典礼在白宫和纪念碑之间的椭圆形广场上举行。这一天是我们到美国后最"风光"的一天, 因为所有的博士毕业生都坐在主席台上由校长亲授绶带。这场面本来就够壮观的, 再加上这一年学校请到第一夫人 Hillary Clinton 作为客座讲演人, 许多毕业生和他们的家属老早就赶到这里, 要一睹第一夫人的风采。她讲演的题目是"家庭价值和教育 (Family Value and Education)"，Hillary Clinton 不愧是耶鲁大学法学院的高才生，她那雄辩的口才，清晰，严谨而有吸引力的讲演激起广场上一阵阵欢呼。

作为新移民，我深深体会到家庭的价值和教育的重要，我想起我在毕业论文答辩会上的一段开场白：

> 八年前当我刚刚来到这块新大陆，我听到一句著名的格言：'All men are created equal'（所有的人都具有与生俱来的平等权利），这是美国宪法的灵魂，也是美国社会成功的秘诀之一。
>
> 每一个来到这个国家的新移民都有一个'美国梦'。人们追求自由和富有的生活。我的美国梦就是继续完成我的学业并为我的孩子们提供在美国接受教育的最好的机会。我坚信教育是新移民改变自己的社会地位，融入美国主流社会的光明之路。
>
> 我选择了科学，因为科学带给了人类现代的文明，在科学面前，没有虚伪和权势，在科学面前，人没有高低贵贱之分，科学代表了真理，进步和光明。
>
> 我感谢这个伟大的国家，她为我们这个来自东方的贫困家庭两代四口人提供了奖学金，帮助我们完成学业。我非常幸运有机会在美国首都华盛顿生活和学习了八年，在这段时期我不但学习了科学，而且学习了美国的历史、政治、经济、哲学和文化，有机会比较深入地了解这个社会的历史和现状。
>
> 教育给了我自信心，教育使我获得在这个社会竞争和生存的能力，教育改变了我的生活道路、生活方式和人生哲学。教育给了我的孩子们一个光明的未来。"

那一年，我已 49 岁，我不知道我是不是年龄最大的毕业生，但我和我的丈夫祥确实是当年获得博士学位的年龄最大的夫妻档。看着这欢腾的人群，坐在身边的祥对我说："我一点也不感到 exciting，我觉得我们只是得到了老早就该属于我们的东西。"

是的，这个学位是我们早就应该得到的，它来得太迟了。

但不是由于我们不聪明，也不是由于我们不勤奋，而是由于历史的原因，我们这一代人没有能够达到我们本应达到的学术高度，我们这一代被称为中国文化科学史上的断层。作为二次大战后出生的婴儿潮一代,在中国大陆的我们这一代人没有能出像李远哲、丁肇中这样的科学大师,这不是因为天灾,也不是因为遭受外族的侵略,而是遭遇了——史无前例的文化大革命。

周平与丈夫杨恒祥同获博士学位时留影

也许,后人看我们这一代人,会认为很傻,也很迂腐。是的,我们受过欺骗,我们犯过许多错误,做过许多愚蠢的事情,我们承受了历史的苦难,经历过人生的艰辛。我们没有惊天动地的业绩,也没有创造巨大的财富。但我们曾经思考过,曾经努力追寻过。我们这一代人将逐渐走出历史,把这段经历写下来,使我们的后代比我们聪明,这是我们这代人的历史责任。

我在这里讲一个发生在许多年以前,几乎被人们遗忘的故事。我写的不是小说,也不是电影剧本,而是我和我的同龄人的人生经历。

二. 从"天之骄子"到"现行反革命"

1964 年 8 月，我怀着当居里夫人的梦想跨进了北京玉泉路十九号中国科学技术大学的校门。正是风华正茂的年岁，作为名牌大学的学生，我是多么自负、自傲和自信。我们向这辽阔的天空呼唤："这世界是我们的！"

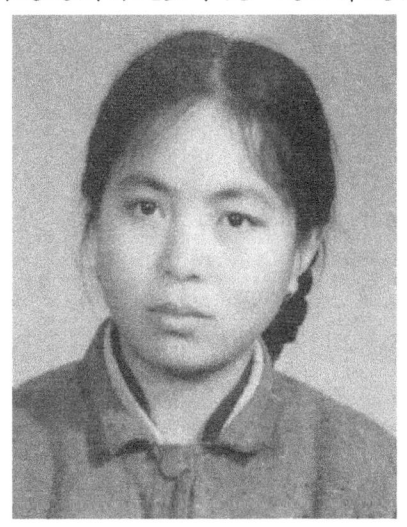

科大时的学生证上的照片

然而一场突如其来的文化大革命不但打破了我当科学家的美梦，而且一下子把我从天上摔进了无底的黑洞，连我自己还没搞清楚怎么回事，一夜之间我就成了"炮打无产阶级司令部"的"现行反革命分子"。

1966 年 6 月文化革命开始时我是科大二年级学生。1966 年 12 月初，我从外地串联回到北京，听说北京的一些高校和中学的学生被抓起来了，因为他们反对"无产阶级司令部"，反对林副主席和江青同志。我看了那些著名的"大毒草"，像伊林、涤西的《给林彪同志的公开信》，北大"虎山行"的《给江青同志的一封信》，在科大校园里也出现了几张大字报讨论关于文化大革命的目的，并讨论毛泽东思想是否可以一分为二。我觉得这些年青人很有思想，他们的大字报讲得挺有道理，特别是伊林、涤西的《给林彪同志的公开信》，听说伊林、涤西只是两个高中学生，我非常佩服这两位青年人的胆识和他们深刻的思想与理性，他们讲出了当时许多人想说而不敢说的话。直到今天，我仍然认为这张大字报是文革中最杰出，最有思想的文章之一。伊林、涤西二位为自己的远见卓识和讲真话而付出了沉重的代价，他们真是我们民族的思想家。当时我对不少人讲过我同意伊林、涤西的观点。林彪说的"毛泽东思想是顶峰"，"毛主席比马恩列斯都高"，"句句是真理，一句顶一万句"，"理解的要执行，不理解的也要执行"这些说法是反科学的。我把这些想法和一些同学讨论，许多人认为这样想虽然有道理，但太激进，容易让人抓辫子。但大家都认为因为写了张大字报就抓人是不对的，是违反文化大革命"十六条"的，在这个问题上大家观点都比较一致，就商量着要写一张大字报阐明我们的观点。

《中央文革小组向何处去？》这张大字报，是由近代物理系青年教师朱栋培（581，文革中改名为朱军），近代物理系学生冯正永（644）和我共同起草的，为了不让人抓小辫子，我们在措辞上非常谨慎。我们的想法很简单：文化大革命要有一个开放自由的环境，要让不同见解的人有平等的机会发表自己的观点，希望中央文革小组把抓起来的学生释放，让不同观点的大字报自由鸣放，不因言论治罪。后来在"雄师"（注："雄师"是当时科大一些师生组织的小型战斗队，人数大约有三十几个，比较集中在6431〔近代化学系化物专业大二〕、6443〔近代物理系理论物理专业大二〕这两个班级）全体会议上讨论修改后于1967年1月1日在西单墙上和玉泉路科大校园里贴出。

因为多次抄家，这张大字报的原稿我已经找不到了（注："雄师"的两篇大字报内容详见《记忆》总第39期，2009年12月20日）。我记得这张大字报的主要内容有以下几点：

1. 讲话风：中央文革以无产阶级司令部自居，每到一处就表态，支持一派，打击一派，造成群众组织的对立；

2. 抓人风：中央文革叫群众火烧这个，炮打那个，可就是自己碰不得，把持有不同意见给他们贴大字报的群众抓起来，开创了文化大革命中用专政的办法处理不同意见的先例，这是不符合"十六条"精神的。

元月 5 日，我们又贴出了"雄师"的第二张大字报《分歧在哪里？》，这张大字报是由我起草，在"雄师"全体会议上讨论修改后发表的。现在看起来，《中央文革小组向何处去？》这张大字报有点像一杯温开水，没有激进的观点，但我们强调的是要按照"十六条"办事，按现在的说法就是要依法行事，要有言论自由，不能因言治罪。因为我们的大字报调子比较低，讲得又比较切合实际，在北京有相当一部分群众同情支持我们的观点。

有人问我们，在当时的形势下为什么还要写这张大字报，现在回忆起来，可以用一个"狂"字来描述我们的心理。"指点江山，激扬文字，粪土当年万户侯"，"数风流人物，还看今朝"，毛泽东的豪言壮语使我们这些雄心勃勃、精力过剩的年轻人感到我们是遇到了大展身手的历史时机。我们那时真是觉得这天下大事是我们的事，该做的事情就要义不容辞地做，该说的就要义无反顾地说。而且我们认为我们的大字报能扭转乾坤，改变历史。

当时有一些年龄较大的老师和亲友都私下告诫我们，"不要忘了五七年反右派的经验教训"。我那时哪里听得进这些逆耳忠言，觉得他们是老迂腐，没有认清大形势，胆小怕事。我还对劝我们的人说现在是文化大革命，和五七年反右派时的形势不同，言论自由，谁都可以批评，对谁有意见都可以写大字报。在我那科学家的头脑里，文化大革命就像解一道数学方程，如果按照一定的逻辑和原理推下去，就会找到一定的答案。后来我才认识到，文化大革命这个方程不但不能按照常规的逻辑和原理求解，而且它根本就没有答案。我们没有估计到这张大字报的影响和后果，更没有想到对我们的人生会有什么影响。

1967 年元月 14 日，北京市公安局将"雄师"主要成员朱栋培 (581，文革中改名为朱军)，冯正永 (644) 和我，还有江明德 (626，文革中改名为江晓东)、黄晓光 (634) 逮捕。科大"雄师"战斗队只有半个月的寿命就垮台了。

三. 狱中纪实

我到现在也不知道我被关押的是哪个监狱，但我知道里面关的全是文革中的政治犯，而且我不是最年青的。那个把我带到女牢的女警察看着我挺惋惜地说："这年纪轻轻的大学生就蹲了大牢，这辈子可惜了。"她这话当时我还不明白，我还没有想将来的事，我想的是有那么多人支持我，我可不能当软骨头。我想的是历史会证明我们是正确的。

进来以后，我慢慢了解到，这里关押有许多名人，而且我不是最年轻的。和我曾经关过一个牢房的囚犯我记得有联动头目，八一中学的兰小兵，骆小峰，她们当时都是高中学生，因为是高干子女，非常傲，谁也不放在眼里，连女看守都得让她们三分。当她们听说我是"雄师"的"头目"，马上和我近乎起来，说我们"有种"觉得我和她们是一条线上的。但我觉得我们的思想背景不是一码事。闲极无聊，她们经常夸耀似地讲高干子女的生活。她们觉得我迂腐，谈得并不投机。因为她们年龄小，又有家庭背景，不久就被释放了。

我还和北大的"反聂英雄"杨勋关过一个牢房，她对"雄师"是蛮同情的，她说我们是秀才造反，成不了事。我说我们不想造反，只是不满中央文革的做法，想给他们提点意见。她说我们太迂腐。她经常在监狱里大骂聂元梓，声音很大，几乎整个牢房都能听见。她告诉我，她知道自己不会有好结果，因为聂的后台是中央文革，反聂就是反中央文革，但她说她一定要和聂斗到底。后来听说她被判了刑，不知杨大姐现在何处，身体可好？（注：杨勋著有回忆录《心路：良知的命运》，新华出版社 2004 年出版。书中写到她在那些被关押的高干子女获释后，又被从半步桥看守所转押到功德林监狱，以后又转到北京市公安局学习班逼迫认罪，于 1969 年初"教育释放"。）

公安局的人第一次审讯我的时候，我一直坚持，我没有反对谁，只是贴了张大字报提了点意见，是符合"十六条"的。按照科学的逻辑和思维方法，既然都可以给国家主席和老师们贴大字报，我们给中央文革贴一张大字报有什么了不起？审讯人员问我是否说过"毛泽东思想可以一分为二"，我说任何事物都要一分为二，否则就不会有发展。他们问我是否说过林彪副主席讲的"毛泽东思想是顶峰，毛主席比马恩列斯都高"是不对的。我说任何事物都要发展，没有顶峰，任何真理都是一个历史阶段的相对真理，马恩列斯毛都是一个历史时期的伟大人物，不能说谁比谁高。他们还问我是否讲过"江青是小资产阶级感情，爱哭"，这是我写在日记上的。我当时年轻气盛，觉得这都是大实话，没有什么了不起，好汉作事敢作敢当。所以就都承认了。我看到审讯人员在不停地记，我当时还没有意识到，我的狂妄和幼稚已经毁了自己。

1967 年 3 月 14 日，公安局把我押回科大作为活靶子批判，还没到校门口就看到铺天盖地的大标语"打倒现行反革命分子朱军、冯正永、周平！"，"砸烂雄师的狗头！"，"谁反对毛主席我们就和他拼到底！"，"誓死保卫中央文革，誓死保卫江青同志！"……在批斗会上我脖子上挂着"现行反革命分子周平"的牌子被拉到主席台前，我的几个很要好的"朋友"一个接一个慷慨激昂地发言，揭发我的罪行。他们都说了些什么呢？

如果光凭一张大字报《中央文革小组向何处去？》，不足以定罪，众人也不服，他们必须要找到能上纲上线的材料。1967 年 1 月 10 日，我在科大的宿舍被"革命组织"查抄，抄走了我的日记本和所有的文字材料。我从小学四年级就开始写日记，我爱写日记，文革中我的日记还写得特别详细，我每天到了什么地方，和哪些人讲了什么话，自己对一些问题的看法都写在日记本上。我真佩服这两个月来"雄师"专案组工作进展神速，卓有成效，他们夜以继日地为我们每一个人整理了一大本材料，我的材料最丰富，当我看到厚厚的一本"雄师小头目现行反革命分子周平毒草集"，我自己都吓得心惊肉跳。我成了五毒俱全的大坏蛋，全都是能上纲上线的材料：反对毛主席，反对毛泽东思想，反对林副主席，反对江青同志，反对中央文革……这些材料，有的是从我的日记本里断章取义摘出来的，有的是有人揭发的，还有的我也不知道是从那里来的，反正是死猪一条不怕滚水烫，多一条少一条也无所谓了。有这一本材料，我这一辈子就别想翻身了。

我在这里要说的是，这世上有良心的好人还是不少，在把我们押回科大批判这天，当局没有给我们准备午饭，是我们班上的三个女友李春彦、陆宗伟、王芸莉给我从饭厅打了一份饭，当我见到她们时，我的眼泪忍不住掉下来了。那顿饭是萝卜烧肉白米饭，看着我狼吞虎咽地把饭吃下，她们三人都哭了。她们告诉我，我妈妈到北京来找过我，公安局不让见，我的妈妈就回到新疆去了。她们还告诉我，万庆友、赵满军、汤文元、杨恒祥、王芸莉、许大正曾经到公安局要求探监，被公安局驳回。她们还想再和我多说一会儿，看押我的人叫她们走了。后来我知道批斗对象不是都像我一样幸运，有的没有人给送饭，那天就被饿了一顿。

我在监狱当了几天的"英雄"就投降了。漫长而单调的监狱生活，每天都吃一样的东西，早晚各一个窝头一碗菜汤，中午两个窝头一碗菜。除了毛选和当天的《人民日报》，别的什么都不能看。每天看着太阳升起落下，想到青春在渐渐消磨掉，饥饿、孤独、寂寞和恐惧动摇了我的勇气。历史会证明我是对的，但我恐怕等不到那一天。如果我坚持我的信念，我要在这里渡过我的青春，将来即使平反了，我的生命也没了。我受不了，我害怕了。我怕一辈子呆在这里。我投降了。我学会了说谎，违心地写检查交代，自我批判，希望能得到宽大处理，早日出狱。

批斗会以后，我回到监狱，想到妈妈和爸爸，他们对我抱多大的期望，特别是我高三参加北京市数学竞赛获奖和考上科大，他们多为我感到自豪啊！当妈妈到北京听到我关进监狱后她会多么伤心，多么为我担心！但是她连见我一面都见不到。他们决不会相信一个二十岁的大学生说了几句话转眼间就会成了反革命。但是批斗会以后专案组给我编了那么厚一本言论集，很多人会相信我是反革命。我无法为自己辩解。一个年轻的反革命就是这样产生的。

四. 有一瞬曾闪过自杀的念头

据说当时公安局抓我们是看我们的大字报口气那么大，以为我们有很硬的后台，要把我们的后台揪出来。在审问时他们一再追问我们和科大的中、高层干部有什么关系。科大保卫部长杨少增先生（曾经担任过刘少奇的警卫员）就是因"雄师"案被捕的，科大不少中高层干部都受到了审查。公安局不相信几个青年学生没有后台敢写那样的大字报，审查来审查去，才发现我们只不过是一群不知天高地厚的大学生，"雄师"骨干成员都是工人农民和知识分子的子女，大字报是我们自己起草的，主意是我们自己出的，标题是我们自己起的，没有什么人指使我们，也没有后台。这就叫作初生牛犊不怕虎。

1967 年是反击"二月逆流"的高潮，监狱里关的人越来越多，有不少是相当有来头的大人物。"雄师"一案因抓不到后台，看到我们的认罪态度也较好，监狱里也装不下了，半年后公安局就把我们押回学校，交给专政队，由群众专政。

从监狱里出来的我完全变了个人。我从名牌大学生变成了"现行反革命"，从科学的殿堂沉到了社会的最底层。我迷茫，我想不通。我不知道我怎么错了？为什么错？今后该怎么办？我找不到答案，觉得好委屈，我想躺在爸爸妈妈的怀里大哭一场，但他们远在天边，自身难保。那时除了我，我的一家都在新疆农场，爸爸在农场被监督劳动，刚刚动过乳腺癌手术的妈妈还要下地去割稻子，两个初中刚毕业的妹妹也下到农场劳动。我不能告诉他们我在这里所发生的事情，我不能让他们再为我担忧了。

我曾经想到过死，仅仅有一次。那是在马鞍山一铁厂，1970 年，科大从北京下迁到安徽，分散在淮南、合肥、白湖和马鞍山。我们系是在马鞍山钢铁厂。"一打三反"运动开始后，人人自危，我听说在淮南煤矿，在合肥，在马鞍山，科大已经有几个老师和同学因承受不了压力自杀了，有的卧轨，有的上吊，有的服毒……我因为是"雄师头目"，自然是批判重点，经常在夜里被拉出去提审，白天站在台上受批判，还要没完没了地写检查、交代。

一天早晨，炼焦厂传来一个惊人的消息，6435 班的小光也自杀了。

我大吃一惊！她是我们同年级同系的同学，大家相处了五年，这么年轻的生命一下子就消失了。我很想到炼焦厂去看她最后一眼，但工宣队讲，谁也不许去。那天早上，张队长在大会上宣布，她是畏罪自杀，是现行反革命分子，死了还要批，她的家属是反革命家属。那天上午的批判会就是让他们班上的人发言批判她，我听了半天，也没听出她有什么了不起的大问题，只不过平常聊天时，说了江青几句话。我听到说她在 1966 年"12 月黑风"中，支持"雄师"观点，同情"雄师"分子。我感到特别对不起她，觉得是我连累了她。当我听到有人在呼"罪该万死，死有余辜"的口号时，我实在承受不了。人都死了，还要怎么样呢？几年前当我们怀着美好的理想一起跨进科大校门的时候，谁会想到有这样的悲剧发生呢？

那天下午，工宣队找我谈话，问我有什么想法，我说我的问题比她严重得多，工宣队张队长说，你们的性质都一样，都是反对无产阶级司令部，你们这些大学生简直是太狂妄了，国家花那么多钱培养你们，你们还胆敢把毛泽东思想一分为二，胆敢反对林彪同志和江青同志。我说，我没有反对谁，只是贴了张大字报给中央领导提了点意见。张队长大叫着说："'只是'！你还'只是'！像你这样的问题，要不是党的政策宽大，要不是看你们是青年学生，你早就该坐大牢判刑了！你还嘴硬，你还想翻案，你真是死不悔改。今天晚上写一份检查，明天准备接受批判。你要是再不老实，我们就再把你送进监狱专你的政！"

晚上，其他同学都睡觉了，我还在昏暗的灯下写检查。那时我们住在马钢一铁厂炼铁炉旁的一个工棚里。7 月的马鞍山，夜里还有三十六七度，但我还得穿着长裤和长衣，套上雨鞋，因为蚊子太多了。我的脸被蚊子叮了好几个大包，内衣都汗湿透了，我拿着笔愣愣地坐着，一个字也写不出来。那个聪明文静的女孩子的影子一直在我的眼前晃动。我想起了陶渊明的挽歌："亲戚或余悲，他人亦已歌，死去何所道，托体同山阿。"这是我一生头一次遇到我熟悉的人死去，而且死得这么惨！我听说她是从二楼跳下来的，头朝下，血和脑浆流了一地……我简直不敢想像那可怕的场面，昨天还是个活生生的人，今天怎么就什么都不知道了？人生怎么就这么短？

我走到门外，看到那漆黑的夜幕上点缀着无数的星星。我记得，安徒生的童话里讲，人死了后就升到天上，变成一颗星星。我想她一定是那颗最明亮的，因为她是多么年轻美丽。那闪烁的星星告诉我，她已经解脱了。而我还在没完没了地受煎熬，我不知到明天怎么过关？更不知道我的未来，像我这样有"严重罪行"的人，还会有什么未来？

　　工棚门口有一条铁路是送原料到高炉去的，每天夜里都有火车驶过。我闪过一个念头：只要我往铁轨上一躺，火车一过，我就什么也不知道了，我也解脱了……

　　当这个念头一闪过，我出了一身冷汗！赶紧跑到水龙头边，拿凉水把头浇湿，让自己清醒过来。我双手紧紧抓住水管，生怕我不能控制自己。我想我不能死，我的生命是多么渺小，微不足道，中国有九亿人呢，我死了算什么！我一死，工宣队会宣布我是畏罪自杀，是"现行反革命分子"，死了还要批，我的家属是反革命家属，其他的人只不过多了个饭后茶余的话题，然后被人忘记。而我的亲人，爸爸，妈妈，妹妹和我的祥，会痛苦一生，我的生命对他们是多么重要，他们是多么爱我，他们不能失去我，而我在这个世界上最留恋的也就是他们了。只要我活着，就是对他们的安慰。最坏的结果，把我分配到新疆农场，就在那天苍苍，野茫茫的大草原上和亲人们度过一生。

　　我回到工棚里，钻进蚊帐里，汗水和着泪水，把枕头和席子都打湿了，迷迷糊糊的，直到天亮才睡着。

　　第二天，太阳依旧升起来，人们依旧生活着，谁也不知道昨夜发生的事。而我却为昨夜发生的事感到后怕。生命是多么可贵。连动物、花草都留恋生命，更何况人。无论如何，我要活下去。活着就是为了爱你的人，也为了你爱的人。许多年后我读到琼瑶的小说，她说过同样的话，我感到我的心和她是相通的。

五. 祥给了我生活的希望

为了活着，我必须学会保护自己，适应环境，我必须磨掉自己的任性和傲气，我必须学会忍耐和服从。我知道，我的命运是掌握在工宣队手里的，今天他们说的每一句话，都会决定我一生的命运。我必须顺着他们来。他们让我做什么，我就做什么。我已经适应大批判了，我是一个活靶子。"革命组织"给我编了一本《现行反革命分子周平反革命言论集》，我像被人耍弄的猴子，脖子上挂着"现行反革命分子周平"的牌子，从一个批判会揪到另一个批判会。好像我活着就是让人批判的，对于这些我已经麻木了，我已经对任何的批判没有了感觉，反正说什么都一样。

我是一个非常不幸的人，又是一个非常幸运的人，因为我有我的祥——我的同班同学杨恒祥，我那患难与共、生死不渝的亲人，我那给了我生活希望、陪我走过人生坎途的人生伴侣。那时同情我的人不少，但只有他有勇气来接受我，和我一起面对任何可能发生的事情。为了我，他承受了巨大的压力，作出了极大的牺牲。当我从监狱里出来，别人避我都来不及，他却常来看我，安慰我，陪我走过了最困难的一段时间。后来别人问他怎么当时选择了我，他回答得简单而实在，他说："我真的觉得她很委屈，我不忍心看她一辈子受苦，我要保护她。"在当时敢于接受我的男人真是要有不平常的勇气和不平常的胆量。他并不难找到一个贤妻良母型的姑娘过平平静静的日子，他没有必要自找这个麻烦，自己背上这个包袱。劝他的人不少，但我们终于还是走到一起来了。我想这就是天意，这就是缘份。人生难得有一知己，有了他，我此生足矣。

毕业分配的时候，他被分到贵州，后来又到了安徽农场，而我被分到宁夏西吉县。工宣队故意这样做，想把我们永远分开，他们好残忍，他们连我这唯一的爱也要夺去，在他们看来像我这样的人根本就不配有爱。但我是人，是个年轻的女人，我是多么需要爱。在这里，我要特别感谢645的许小昆同学，在"一打三反"运动中，他因为和几个朋友在一起对毛泽东思想和文革有疑问被扣上"反对毛主席"的帽子，列为全校第一号批判对象。他当时也被分到了安徽农场。我怀着一线希望去找他，问他愿不愿意和我交换一下。当时他也被整得很惨。但仍然很同情我的遭遇，一口答应下来，后来他替我去了宁夏西吉县，但工宣队仍然没有让我去安徽而让我去了河南。后来许小昆也到了美国。如果有机会碰到他，我要谢谢他成全了我们一家人。

1970 年分配在河南的很多大学生都到湖北沉湖去劳动。在沉湖农场，所有的人都知道女生连队里有一个"炮打无产阶级司令部"的"现行反革命分子"，个子不高，思想反动。很少有人敢和我讲话。我总是被派去干最脏最累的活，我的床是在靠大门冷风直接吹进来的地方，演样板戏时，总是让我演栾平，我的绰号就是"栾平"。在农场，我拼命干活，很少讲话，我想用劳动的汗水来洗刷自己，求得人们的谅解。后来我明白了，我就像鲁迅笔下的祥林嫂，我的"罪孽"已烙在我身上，一辈子也赎不了，洗不掉。运动一来，我就会被拉出来批斗。我已经习惯了人们鄙视和冷漠的眼光，也习惯了运动一来就去当批判对象。

从农场分配的时候，自然我是被分到别人不愿去的最差的地方。我的问题没有结论，没有"帽子"，但这比戴"帽子"更可怕，我的档案里塞满了材料。我就像生活在屠刀下，任何人任何时候想要整我，都可以置我于死地。

祥的家庭出身好，但因为他是"雄师"头目周平的男朋友，也受到特殊对待，从安徽农场出来时，其他同学分到了城市、工厂和科研单位，而他因为我则被分到安徽省临泉县杨集公社中学当了司务长。

1972 年元月，他听说我要到驻马店报到，就冒着大雪，从杨集步行了五十几里到新蔡县乘汽车，比我先到了那里。当我们又重新见面时，我依偎在他那温暖的怀抱里痛哭了一大场，像要把这些年所受的委屈都倾泄出来。这些年来，我像一头受了重伤而无家可归的小羊，我是多么需要爱，多么需要一个强有力的肩膀。我感到有了依靠，有了家。我们终于可以在一起了。经过了马鞍山和军垦农场那些恶梦般的日子，我们再也不想去当力挽狂澜的英雄，再也不要搞阶级斗争，我们渴望安安静静地生活，平平凡凡的人生。

六. 西平县的儿女

在古老辽阔的豫东平原上，在京广铁路线上，有一个叫做西平的小县。1972 年元月，我被分配到这里。

我生在重庆，长在北京，虽然也下乡劳动过，但从来也没有想到我要在农村安家。我们刚上大学的时候，科学院力学所的崔季平老师曾经向我们介绍过我们要学的专业："物理力学"。他说，这门学科是钱学森教授在我国首次创立的。他的目标是要从物质的微观结构去了解材料的宏观性质，这种方法可以用于寻找制造火箭、飞机和航天飞船的新材料。这是一门正在蓬勃发展的新学科，科大的学生是我国科学技术的生力军，好好学吧，将来有许多工作等着你们呢! 在我的梦想里，我们以后的去向不是研究所就是大学，或是火箭、导弹基地。当我们欢送高年级同学毕业的时候，对于那些能到新疆原子弹基地或西昌火箭基地的师哥师姐们总怀着几分神秘和敬意，只有最优秀的人才能去从事那崇高而神圣的事业。

可是现在，祥在杨集公社中学当了司务长，我又来到这举目无亲的小县城。从临泉县到西平县直线距离不太远，但没有直达汽车，他要步行到新蔡县乘汽车到驻马店再转火车到西平，当天都到不了。县里管分配的人对我说：你这科技大学的学生不去搞尖端，到这小县城来作什么？县里刚建了个化肥厂，你就到化肥厂去吧？

1972 年我被分到县化肥厂，一年后我们结了婚，祥也调到这个厂了，我们在这里安了家。

化肥厂后面有一个旧仓库，我们自己搬土铺地，用高粱秸围了墙，糊上白纸，又用高粱秸铺了个炕，我们还有一个桌子，两个木箱子，一箱子是书，另一箱子是四季的衣服。我们把这个旧仓库布置成了一个简陋而温暖的家。

周平与杨恒祥结婚照

在西平那几年的日子里，我们过着安静而平凡的生活，我遇到了一群善良友好充满爱心充满人情味的西平人，他们给了我们温暖、爱和友谊。我也亲身体会到河南农民的贫苦的生活。在西平县，我到厂里工人的家里做客，最好的待客饭就是芝麻叶蒜面条。在农村，白面是很珍贵的。西平县是芝麻和小麦的主要产地，但夏收收下的麦子大部分要交公粮，自己只能留下很少一点，他们一年的口粮主要靠秋季的玉米和红薯，白面只占 15% 或更少，我在北京从小吃大米白面长这么大，却还不知道，生产小麦的农民却很难得吃到白面。

我们和厂里的工人处得很好。我们勤勤恳恳地工作，像惊弓的小鸟，小心谨慎地活着。从不在公开场合谈政治观点，也很少和别人谈我们的过去。但我们是有知识，有思想，有头脑的人，要我们不说话可以，要我们不读书，不思考真是办不到。我们找到一切可以找到的书，文学的，历史的，古代的，现代的，中国的，外国的。我们在一起总有说不完的话题，我们可以从原子分子谈到孔子、孟子，从史记谈到相对论，从蔡文姬谈到居里夫人，从我们的父母谈到我们的孩子，但有一件事他绝口不提，那就是"雄师"的事。他知道我受的伤害太深，他希望时间能医治我心灵的创伤。

我深深敬佩我的具有远见卓识的爸爸妈妈。爸爸妈妈都是学经济的，抗战时在重大商学院，马寅初先生是他们的老师和证婚人。他们都有很深厚的中西文化的功底。妈妈能写一手苍劲的柳体，而爸爸写一手娟秀的赵体。小时候一到暑假，妈妈就叫我们背唐诗和《古文观止》上的文章。他们希望我能当新闻记者。我很喜欢文学，但更喜欢科学。高中毕业时我选择了科学，爸爸妈妈不相信我们家能出科学家，直到高中毕业那一年，我不但考取了科大，而且获得了当年的北京市中学生数学竞赛优胜奖，他们才发现我们家还有一个很不错的科学家候选人。

爸爸是搞教育的，文革中，爸爸几次痛心疾首地说："小学生，中学生，大学生都不上学，这个国家将来还得了吗？八年抗战打仗那么激烈，学校还在招生，学生还在上学，八年抗战后，中国还出了李政道和扬振宁。"爸爸说得一点也不错，李、杨不正是抗战时期在西南联大学出来的吗？1975年爸爸被"解放"后还没有安排工作时，自己买了录音机和英语教材到农场中学教学生学英语，那一年中国出了个"不学ABC一样干革命"的"英雄"，中学英语老师个个提心吊胆，他却要自己找上门。我们姐儿几个没少劝他，说他。我们说你闲着没事就在家里呆着，干什么都行，千万别去教英语。他却固执地说："你们看着吧，过几年你们都要来找我，学生们都会感谢我。"事实证明他是对的。

那些年，是爸爸妈妈用他们的爱抚慰着我的伤口。爸爸妈妈一直鼓励我们坚持业余学英语。并给我们买了英语和大学教科书。他们说知识永远是无价之宝。装在自己脑子里，谁也拿不走谁也偷不了。虽然我认为自己毫无希望，但为了工作的需要，那些年，我们已经自学完大学化学系和化工系的主要课程，英语也一直没有间断。几年后我们都成了名副其实的有理论基础、有实践经验的化工专家。

在这里，我们有了一个健康、聪明、可爱的女儿。孩子的出生给我们带来了新的生活。当初生的女儿第一次躺在我的怀里吸吮乳汁时，我才真正体会到母爱的崇高与伟大，无私与奉献。有母亲的孩子是多么幸福，有孩子的女人是多么幸福。我愿把我所有的一切包括我的生命献给我的孩子。那时我们两人的工资只有85元，还要负担家里的老人，但仍然想办法保证孩子的营养，奶粉、糖、鸡蛋、鱼肝油等等，这些在乡下很难见到的东西，我们都想尽一切办法买给孩子。

如果"四人帮"一直不垮台，春天迟迟不来，我们会在西平的小屋里平静地渡过我们的一生。我再也不做梦当科学家了，再也不梦想当居里夫人了。能和心爱的人相依相守，有了祥，我很知足了。但一想到我的孩子，我觉得对不起她。当孩子睡觉的时候，我会坐在她的身边，一动不动地看上几个小时，看着女儿细细弯弯的眉毛，乌黑浓密的头发，圆圆的脸庞，红润的小嘴，从她一出生我就看，看不够，爱不够，自己的孩子永远是最美的，最好的。

我也经常在设计孩子的未来。我能给她什么呢？我能教她学唐诗，古文，英语，科学，但我既没有钱，又没有权，既使有机会推荐上大学，也许会因为我这个母亲的"历史问题"而给刷下来。

化肥厂的门外是庄稼地，因为没有别的地方去，我常带孩子到这里来玩。我呆呆地看着那一望无际的青纱帐，回想着往事。说实在的，到这时候，我才真正明白了，中国为什么有那么多"右派分子"，我才真正明白了，文化大革命中为什么会出这么多的"反革命"，我才真正明白了，有知识，有思想，有良知，敢于讲真话的人就是和我一个下场。为了年青时说的几句真话，我不但要付出我的一生，还要付出我的子女的未来……记得我高中毕业时班上有几个学习成绩很好的同学没有考上大学，当时听说是因为家庭有问题，我觉得很可惜，现在同样的命运就会落在我的孩子的身上。我好几次作恶梦，梦见因为我的"历史问题"，我的女儿被赶出了学校的大门。当我看到在野地里玩泥巴的女儿，心里涌出一股无可奈何的惆怅，难道我的孩子也要在这片庄稼地里渡过他们的人生，难道他们再也没有机会做科学家的梦？没有机会见到外面的世界？我好不甘心呀！

七. 抓住机遇

我的儿子是 1976 年 10 月出生的, 那一个月在中国的历史上是多么重要。在那一个月里我边看边听边想。我才意识到这些年来我并没有甘心, 没有认命。

儿子满月以后, 1976 年 11 月我给科大 (当时已经迁到安徽) 党委写信要求平反。

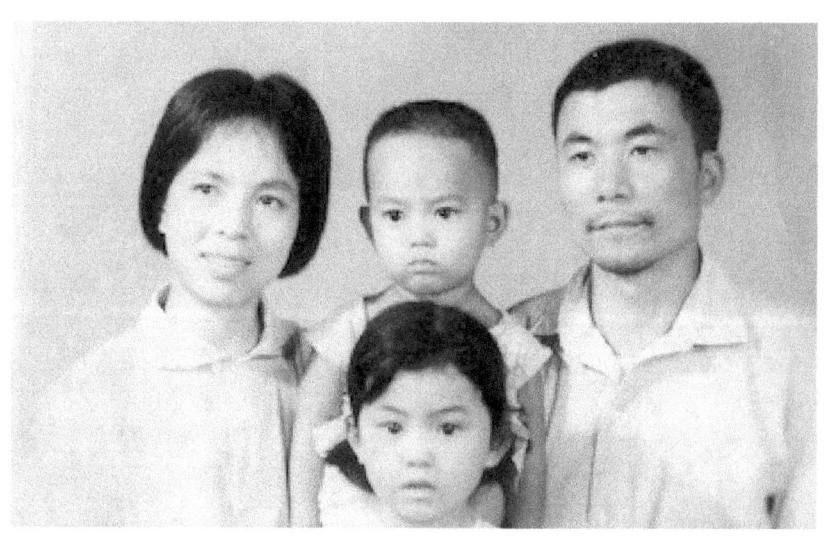

一家四口在西平

但几个月过去, 如石沉大海, 没有任何音信。我们往化工部某研究所调动也没有任何消息。我想和我档案的问题有关系, 于是决定回科大去一趟。我这次回科大, 不是想当反江青的英雄, 也不想追究十年前的谁是谁非, 更不想找谁算账。我要寻回我少年时代的理想，圆我的科学家的梦。我想回科大继续上学！

前几个月我们已经听到消息，1977 年国家要恢复高考并要招收研究生。我和祥已经着手复习课程准备报考。这次回科大也是想打听一下招收研究生的事并借几本书回去。

我先找到我的同班同学何天敬。从马鞍山分手，一晃七年过去了。如今大家都已经过而立之年。何天敬先带我找系里管政工的陈干事，一路上我们谈起这些年的经历。他说 1973 年他在进修班补完了大学的课程，后来教了些课并且搞了些理论方面的研究。我说我真的很羡慕你。我又问他化物专业要招几个研究生，他给了我一份科学院研究生招生目录，还答应借给我几本书。

系里管政工的干事说：刘达书记在 1973 年被解放重新上任后所作的第一件事就是把科大毕业生的档案调回学校，把文革中工宣队整的材料全部撤销。我说别人的撤销了我的没撤销，曾经有两个单位要调我，但档案一调过去就退回来了。我要求学校把我的档案调回重新作结论。陈干事说，你的情况比较麻烦，因为是北京市公安局抓的人办的案，得由他们正式来给平反。但现在没有中央文件，谁也不敢作主。我又去找了学校管政工的负责人，他们都对我表示同情，但因为中央没有文件，他们什么也不能做。

那天下午，我去找化学物理教研室主任辛厚文老师，想问问他招收研究生的事。辛厚文老师亲切而热情地接待了我。他说大家都认为你们当时就没有错，现在更没有错。"四人帮"刚垮台，许多事情要重新认识，重新评价，但这需要时间，不要急，耐心等待。我说，我们听说学校要调一部分业务骨干回校充实教学和科研队伍，我们都很想回校继续学习。辛老师坦率地说：你们 64 级同学只学了两年基础课，没有接触专业。我们这次主要想调 61 级以前的毕业生做业务骨干。文化大革命这十年耽误掉一整代人，不然的话你们也该是研究员，副教授了。但现在你们还需要补课。你们如果愿意继续学习，可以准备报考研究生。他又补充一句：我们是在分数面前人人平等，我不管什么"雄师"不"雄师"。辛厚文老师是我最尊敬的老师之一，在当时没有人敢对"雄师"明确表态，作为一个系领导，他能毫无顾忌地向我讲这些，我十分感动。

我又在学校和安徽省委找了一些人，人们都很耐心地听我的故事，对我表示同情，但没有一个人能帮我解决问题。

回到西平的小土屋里，我和祥谈到科大之行的所见所闻，我们关在这间小屋里太久了，外界的事像新鲜的空气涌进这宁静的小屋，我们意识到，一个历史的机遇已来临，这个机遇对每个人都是平等的，谁能抓住这个机遇，谁就抓住了明天，后天，抓住了未来。平反不是要的一张纸，要自己给自己平反。时光不会倒流，失去的青春不再回来。但我们要把握住今天。我们已不是十七八岁的高中生，也不是二十出头的大学生，我们已过而立之年，要每天工作八小时。那一年，女儿刚四岁，儿子刚一岁。要准备考试困难重重，但我们绝不能放弃这千载难逢的机遇。一个人考有一个希望，两个人考就有两个希望。为了改变自己的地位，为了孩子的未来，我们没有任何退路，只有破釜沉舟，背水一战！

从那时起，我们就开始了大运动量、高强度、长时间的训练。许多年以后，当我回忆起这段难忘的日子，自己都不相信人怎么会迸发出这么高的能量，经过这十年的风雨，我的脑子居然还那么好使。我想这大约是我们十年所积蓄下来的能量一旦释放出来所产生的激光效应。我也相信上帝，他大概觉得这世道对我们太不公平，要帮我们一把。

从 1977 年 6 月到 1978 年 4 月，我们做了几千道题，记了几千英语单词。光草稿纸就有十好几斤重，在八个月时间里完成了三年的工作量。我们没有老师，只有靠书本和两个人的大脑，当答案和书本上的不一致时，我们就查资料翻书本，互相讨论，有时争得面红耳赤，谁也不服谁。有时夜里祥把我叫醒告诉我某道题他想出解了，说着拧开电灯，两人又研究开了，他给我补充，我给他补充，直到得出满意的答案才继续睡觉。

我们这样没明没黑地干，厂里的工人觉得好奇怪，这两口子是中了邪了，还是练功走火入魔了？放着舒舒坦坦的日子不过，干吗自己跟自己过不去？朋友们都劝我们：你们两个大学生在厂里好好干，将来一个技术科长，一个中心实验室主任，还有什么不知足的？常言道人过三十不学艺，再说都两个孩子了，总不能把孩子扔下去上学吧？

他们说的全对，但我心里就一个不认命，不甘心。理想的种子在少年时代就在我的灵魂深处扎了根。尽管狂风暴雨，冰天雪地遏制了它的正常成长，但在这迟到的春天，它还要顽强地发芽长叶开花结果。

十年的文化大革命使多少有理想有抱负有才华的青年失去了受教育的机

会，失去了宝贵的青春年华。1977年，当恢复高考和招收研究生的消息传来，人们才从十年的迷茫和混乱中清醒过来，几千万老五届大学生，老三届中学生及其他上山下乡知识青年看到了希望的曙光。学生重新捡起书本，老师重新走进教室。那一年的高考真是不比寻常，人们看到父子同进考场，夫妻同上课堂的动人场面，抱着孩子的父亲，刚生了孩子的母亲，都来参加高考……多少人想要抓住这个机会寻回自己青春的梦。对于那些出身贫苦又没有"后门"的青年，高考几乎是他们唯一的机会。那一年有一千万人报考大学，近百万人报考研究生，参加这场竞争的学子，无论录取与否，他们都是胜者，都是强者，因为他们敢于向命运挑战。77级，78级本科生和78级研究生正是从这一代人里选拔出来的，他们无疑是这一代人最优秀的代表。

那次考试考了两天半，考完以后，我们全身像散了架一样。这一个月来，我们心里充满了焦急、等待和盼望。考完以后，自我估计，我们都发挥正常，该拿的分都拿到了。但这第一次招生，大家心里都没有底，摸不着深浅。

6月份我们都拿到了复试通知书。我们的复试成绩也很好，按照初试和复试成绩的总和，如果按分数录取，我们都应该没有问题。那一年有好几个"雄师分子"都已在录取名单里，这时不知哪里传来一股风说"雄师分子"应暂缓录取，但研究生导师，系里和学校招生办，特别是王其武、马兴孝、伏义路几位老师都坚定不移地表示：在分数面前人人平等。感谢科大的老师们给了我们一个平等竞争的机会，使我们能重回科大上学。

八. 我们的"夫妻研究生"生活

1978 年 8 月，祥和我都接到了正式录取通知书，我们同时被录取为文化大革命以后的第一批研究生，祥考上了中国科大的研究生，我考上了新乡师院的研究生，我们没有"后门"没有内部关系，完全靠自己的勤奋和智慧来改变自己的地位和命运。我们高兴得抱着孩子在床上打滚，两个孩子从没见我们这么高兴过，他们看着我们笑，也跟着我们咯咯地笑。他们当时还不理解，这一步是我们人生的重要转折点，这一步对孩子们的一生也会有多么重大的影响。为了我们一家四口不分在四处，我们向科大提出：我能不能转学到科大？经当时的科大副校长杨海波批准，同意我转到科大的师资进修班，这样我们两人可以同时在科大上学。

化肥厂沸腾了，西平县震惊了。那一年，"研究生"还是一个刚出现的很神秘的新名词，乡亲们说考上高中是秀才，考上大学是举人，那么考上研究生就该是"状元"了。乡亲们听说化肥厂的旧仓库里一下出了两个"状元"，而且还是"夫妻状元"，都觉得挺新鲜，特地跑到旧仓库来，看看这"夫妻状元"是什么样的。乡亲们说我们是鲤鱼跳龙门，是凤凰登枝，而我们心里明白，我们只是"回到"十几年前我们就该呆的地方。

1978 年的深秋，我们离开西平县去中国科大上学，厂里的领导和许多朋友都到火车站为我们送行。当火车驶离西平站时，我心里涌起一股深深的依恋。西平是我们家庭人生旅途的第一站，我们在这里生活了七年，这里有我们的青春，有我们的爱情，我们在这里生儿育女，共同筑起了这个简陋、贫困而温暖的家。西平是一个避风港，西平县的亲人们保护着我们避开了阶级斗争的大风大浪，给了我们友谊和关怀。我忘不了，当我生孩子时，秀梅、继芬冒着严寒用架子车把我们娘儿俩从医院拉回家。当我的奶水不够时，厂里的女工用她们的乳汁哺育了峻峻和波波。1975 年西平发洪水时，万良把家里仅有的一点白面拿来给峻峻熬糊糊吃.逢年过节时，工人们请我们到他们家里作客，吃芝麻叶蒜面条和豆腐脑……我们的两个孩子都是在西平县出生的。今生今世，无论走到天涯海角，他们的履历表上永远会写着他们是中国河南省西平县人。

苦难是人生的宝贵财富。十几年的炼狱，十几年的血与火的煎熬，生与死的抉择，使我成熟了。上苍又一次给予了我机会，让我继续追寻我的梦。

科大，我的母校，你带着十年累累的伤痕，迎来了科学的春天。

1978 年的秋天，恢复高考后招收的第一批学生，77 级本科生和 78 级研究生来到了科大，使这所冷落了多年的校园显得欣欣向荣和生气勃勃。

这一年招收的新生中，年龄最小的是科大少年班的学生，他们不到十五岁就跨进科大的校门，他们是时代的宠儿。年龄最大的就要算 78 级研究生中的老五届学生（老五届是指从文革前入学，文革中毕业，1966 到 1970 年的大学毕业生)，那一年我们已过而立之年。我们几乎成了时代的弃儿，但仍然是同龄人中的佼佼者，也是同龄人中的幸运儿。大家都非常珍惜这来之不易的机会。这些老五届学生像我们一样，大都有了一个或两个孩子。他们告别了爱妻幼子，到这里来重新过学生生活，二十多个人挤在一个房间里睡觉，端个碗到学生食堂里吃饭。和少年班以及 77 级的学生比较，我们成熟得多，生活磨掉了我们的狂热和浪漫，我们不再做居里夫人和诺贝尔奖的梦了，我们能比较冷静而现实地看待人生，都有着对子女和家庭的责任感。

我和祥虽说是在同一个校园里，但住不同的楼，上不同的课，平时连照面的机会都没有，星期六晚上一块去看一场电影都是一种享受。那时我们的工资是 105 元，每月给孩子各寄二十元，我们两人除了吃饭，几乎不花任何钱。因为我们还要攒钱去看孩子。女儿峻峻在四川姥姥家，儿子波波在江苏奶奶家。即使一年看一次，这一大圈的火车票也要好几百元，这些钱只有靠平时一点一点地攒。这次回来当学生，和十几年前大不相同了，我已不是无牵无挂的单身贵族了，我是峻峻和波波的妈妈，孩子是多么让我牵肠挂肚，我真是好想好想他们！尽管我知道姥姥姥爷、爷爷奶奶都会给孩子们全部的爱，尽管两家老人经常来信详细介绍孩子的情况，但孩子们仍然需要父母的爱。分别时两个孩子眼泪汪汪的小模样一直牵着我的心。那时和我在一个宿舍里的几个女同学都是这个情况，大家一聊天就说起了自己的孩子。

说起来好笑，那时我有一个习惯，每天下午四五点钟当学生去操场锻炼时，我就爱跑到幼儿园门口，看着一个个孩子被爸爸妈妈接走，一路又蹦又跳，有说有笑，我真替他们高兴。虽然我知道我的峻峻和波波不在里面，但还是想要跑来看这一幕。我发现有我这习惯的不止我一个，那些做了爸爸妈妈的老学生像我一样，经常溜到这儿来看看，看不到自己的孩子看看别人的孩子也是一种安慰吧。

那一年寒假，考完最后一门，大家连一分钟也不多呆，纷纷跑回家和妻儿团聚去了。我们两个人无家可回，又没有钱去看孩子，只好冷冷清清地在学校里过了个年。我们这个寒假谈的想的几乎全是两个孩子的事。

到了暑假，我们把一年省吃俭用攒下来的钱买了火车票并给孩子买了点见面礼。我们先到丹阳去接波波。到丹阳已是下午，最后一班下乡的车已经走了，天还下着雨，亲戚劝我们在县里住一夜，但我们实在等不及了，踏着泥泞，连夜赶到了奶奶家。十个月不见，波波长高了长壮了。他看到了我们，一下子扑过来。我在儿子结实的脸蛋上使劲地亲，紧紧地抱住他不放，生怕他又跑了。奶奶叫我们在家多住几天，但我们已迫不及待地要见峻峻。

一家四口在成都

当我们三人回到成都姥姥家里，正是下午，峻峻在幼儿园里还没放学，我们等不及，就跑到幼儿园去接她。当峻峻看到我们三个人站在她的面前，惊喜地扑上来。祥把她抱起来，甩到天空，说："长这么大了，我都快抱不动了。"我们一路走回家，两个孩子的小嘴不停地说，好像要把这一年积攒的话都倒出来。峻峻说，外公外婆没有告诉她我们今天要回来，但她心里想着我们这两天会来，因为学生已经放假了。她昨天做梦就梦见我们回来看她了。波波告诉姐姐，他在丹阳过得很愉快，爷爷经常带他去河里捞鱼摸虾。回家烧着可好吃呢。回到家里，我们拿出给孩子们的礼物，峻峻穿上新的百褶裙显得更漂亮了，波波穿上海军衣，显得更神气了。两个孩子穿着新衣服高高兴兴地去打螺陀转了。

姥姥姥爷和孩子们在成都

整个暑假，我不愿离开孩子一分钟，像要把这一年我亏欠他们的都在这个暑假补起来。我为孩子们作饭洗衣，洗澡理发，我教他们写字画画，我陪他们游戏玩耍。那一年，峻峻还不到六岁，外公外婆已教她念很多唐诗，也会写不少字了。每天一早峻峻就在院子里念起来："鹅，鹅，鹅，曲颈向天歌……""两个黄鹂鸣翠柳，一行白鹭上青天……""……两岸猿声啼不住，轻舟已过万重山。"这些流传千古的名句，从峻峻那清脆的童声涌出，更增添了诗意。外公外婆叫她一周背一首诗，一天描两页红模子。外公外婆经常抱怨，现在的年轻人不好好练字，他们一定要教孙子孙女练好字。他们认为，书法和唐诗是中国文化的精华，是孩子启蒙教育的基本功。我们带他们去杜甫草堂，给他们讲杜甫的故事，带他们去武侯祠，给他们讲三国的故事，讲诸葛亮的故事。我们教孩子们心算，加减法从一位数到两位数，数学是锻炼思维的体操，心算快的孩子将来一定逻辑清晰，思维敏捷。

　　和孩子们在一起，时间过得好快呀，暑假很快过去了，我们又要回学校了，临走的前几天，外公外婆已经在给峻峻做工作，说爸爸妈妈要回科大上学，如果学好了就能留在学校工作，就可以把峻峻和弟弟接到科大去上学。峻峻没有去过科大，但在她那小小的心灵里，那一定是个很神秘的地方，因为大人一提起科大，都是很严肃很崇敬的。到走的时候，她眼泪汪汪地粘着我，当我们上了车，她却双手紧紧抓住门把不放，再也忍不住了，大声哭起来："我也要和你们一起去！"波波也在车上哭起来，叫着："我要姐姐来！"车上的人都惊呆了，谁也不忍把这个小孩的手掰开。这时外公过来，把峻峻抱起来说："峻峻乖，爸爸妈妈上学是为了你们，爸爸妈妈学好了，峻峻明年才能去。"峻峻含着眼泪和我们挥别，车子开走了，我呆呆地望着越来越远的峻峻的影子，一直到看不见……

　　火车上，波波紧紧地拉着我说，今天夜里他不睡觉，他怕妈妈走了。但天一黑，他就睡着了。半夜火车到了蚌埠车站，我吻了吻熟睡的儿子，离开了车厢。祥直接送他去奶奶家。

　　回到学校我们拼命地学习，工作，想把成绩搞得好些，早日毕业把孩子接来。

九. 李政道的同学的命运

这次回科大我上的是物理师资进修班。那一年没有人给我们开高等四大力学的课,物理教研室麦汝奇告诉我们,他从大连请来了一个李政道的同学给我们讲四大力学。我们听了半信半疑,以为他在开玩笑。第一次上分析力学课时,当我来到教室时,看到一个五十多岁的中年人坐在前排,他那饱经风霜的脸又黑又粗糙,穿一套不合身的新制服,我当时脑子里冒出的想法是:"老麦不知从哪里给我们找了个老贫农来忆苦思甜。"旁边的同学悄声告诉我,这就是谭家岱老师,是李政道在浙大的同班同学,1957 年被打成右派送到农村劳改了二十几年,刚从农村回来,就到科大来给我们上课。我心想听老贫农讲分析力学大概别有一番风味。

当他往讲台上一站开始讲课,我们都鸦雀无声了。他讲课时严密的逻缉,清晰的思路,熟练的数学推导,把我们都镇服了。他每学期给我们开一门新课。他最喜欢的是苏联物理大师郎道的体系,他系统地给我们讲了分析力学,数理方法,场论和量子力学。后来不少研究生和 77 届本科生都慕名跑来听他的课。我们这个课的教室总是挤得满满的。在当时的科大以及全国能开出像他这样水平的课的老师确实是不多的。

有一次我和几个同学到他宿舍里去看他,他住在教员宿舍筒子楼里一间,房间里堆满了很多的书。我们聊了一会儿上课的事,就好奇地小心翼翼地问他一些过去的经历。他一边抽着烟,一边慢慢地回忆,抗战时期他和李政道是浙大物理系的同窗,李政道是他们班年龄最小的。后来李政道去了美国。1956 年他刚三十出头,在大连工学院就被提为正教授。他当时年轻,业务又好,非常自负,1957 年给上头提了几条意见,就被划成了右派,被送到农村劳改,老婆也跟他离了婚。我说,这二十多年的劳改,您也没忘记您的物理,我们都很钦佩您对物理学深刻的理解和高深的造诣。他说,那主要是年轻的时候基础打得扎实，后来劳改的时候，没有别的书看，自己脑子里就想个题目，算一算，解解闷。

有一年李政道到科大访问，谭老师陪同参观。他们两人虽然年龄相仿，但看起来像差了十几岁，李政道是那么精神奕奕，神采飞扬，看到他旁边的神情黯然的谭老师，我完全体会他当时的心境，我就在想，如果当时李政道留在国内而谭老师去了美国，那历史又会是怎样呢？

十. 平反后我提出的三条意见

1979 年的某一天, 我收到通知去参加平反大会。在会场上见到不少老年和中年的老师, 我大概算里面最年轻的了。看到他们, 我在想, 我是不是还算幸运呢? 平反文件一个一个地念着, 台下一片轻轻的抽泣声。会上谭老师的右派问题也得到了改正, 恢复了他的原工资级别。

在会上, 我也接到了两份平反文件, 一份是为周平平反的文件, 一份是为"雄师"平反的文件, 后面有 29 人的名单。

看着这一个个熟悉的名字, 我的泪水把这张纸湿透了。我知道这每一个名字的后面都有一个血泪斑斑的故事, 而且我知道还有许多人的名字没有列在这名单上。

看着这一个个熟悉的名字, 十几年前的往事又浮现在我的眼前。

1967 年元月 14 日, 那是一个多么寒冷的夜。那天夜里, 一辆车子到科大校园里捕了五个"雄师骨干分子", 有人在寂静的操场上大叫: "抓人了!" 许多学生、老师、工人、家属闻讯赶到了校东大门, 车子被堵在离东大门的不远处就挪不动了, 愤怒的人群在车子外面质问: "凭什么抓学生?", "写一张大字报就抓人? 这不符合'十六条'!" 这时我听见车里有人说: "科大反中央文革的势力太强, 简直成了反革命老窝了, 太嚣张了!" 双方僵持了大约两个小时, 最后是调来了警察, 才把堵在路上的人群驱开, 车子才缓缓开出玉泉路科大校园, 但仍然有上千人拥挤在道路两旁和校门口, 在那漆黑的冬夜, 在那凛冽的寒风中, 默默地为我们送行……这是多么悲壮的一幕!

这不是小说, 也不是电影剧本, 明月为证, 天地为证, 在场的几千个科大人为证, 这是 1967 年元月 14 日发生在北京玉泉路科大校园的真实的一幕，这是人心，民意，这是历史……

我拿着这平反文件到了校平反办公室，一个慈祥的老人接待了我。我说，我很高兴历史终于作出了正确的结论，但我还有几点要求：

第一，平反文件讲我们的大字报是"反对"中央文革，"反对"这个词不对，因为我们的大字报没有反对任何人，对一个问题提出不同的意见，是正常的民主的生活，是符合宪法的。不能因为有不同意见就是"反对"。我没有先见之明，我也没有那么大的胆量去反对大人物。那个老人看我一本正经很认真的样子，觉得很好笑，就说，反正事情已经过去了，就不要咬文嚼字了嘛。

第二，我说，受"雄师"问题牵连而受到迫害远远不止这29人，有许多人虽然没有参加"雄师"，但因同情"雄师"观点或者元月14日去拦过车，也受到了迫害，校党委也要为他们平反，我递给他一份名单，上面有我和祥所能回忆起来的人名.我说据我了解，受"雄师"一案牵连，在科大，在清华、北大、北航、地院、北大附中、京工附中以及其他大专院校共有大约上千人。他接过名单说，对于科大的人我们会尽快调查了解作出结论。对其他学校的人，他们自己会处理。

第三，受"雄师"一案牵连，我的八本日记本被抄走，我要求把我的日记本归还给我。他说，事隔那么多年，这些材料已经找不到了，很抱歉。

这八本日记本是我从小学四年级到大学二年级的日记，是爸爸妈妈送给我的礼物，他们让我把"最重要的，有意义的和值得纪念的东西写下来，长期地写下去，将来就是你的生命史"。这些日记记录了我从童年、少年到少女的成长足迹，记录了我的理想，我的追求和我的梦，这日记没有虚伪和掩饰，是我内心世界的自白。但在文革中，我的日记却被整页整页地抄在大字报上被人们批判，我从来也没有想到我的内心世界会被暴露在大庭广众之下，也没有想到我的日记会成为我的罪状，从那时起我就再也不写日记了。现在我的日记再也找不回来了，我的青春、我的梦……都永远地消失了。

曾经沧海难为水，文化大革命中这惊心动魄的事件完全改变了我的人生。如今将近半个世纪过去了，我时时刻刻没有忘记那些关心我，同情我，爱护我，保护我的朋友和亲人，有些人和我并不相识，但为了"雄师"事件，他们有的人比我还要惨，有的精神失常了，有的身体致残了，还有的下落不明……这些年我时时告诫自己，要不懈地努力，要作一个真正的人，来回报这些朋友和亲人。这也是这些年来我一直想写这篇文章的真正动机。如果本文能公开发表，就算是我给这些朋友们的一个回报吧。我谨向那些具有同情心，为了良知，为支持我，爱护我，保护我而受到伤害的朋友们表示我的敬意和谢意，向那些屈死的冤魂献上我的哀思和怀念。

十一. 跨过太平洋

1981 年我们毕业后留在科大工作。把两个孩子也接来了,一家人才团圆了两年。1983 年祥考取了公费留学,于 1984 年以公费访问学者身份到美国 Delaware 大学化工系进修,第二年,他得到了一个博士后的位置。经济上有了保障,他就叫我去探亲。

虽然人人都想出国,但事到临头,我竟犹豫不决。那时候,我们都已提升为讲师,分到了两间一套的房子,再加加油,副教授和三间一套也不远了,我们已快到不惑之年,如果把现有的丢掉,到美国一切从零开始,前途未卜,要承担很大的风险。最主要的是峻峻已经上初中二年级,初中高中这几年对于她是多么重要,如果我带她出国一两年再回来,学习怕跟不上,如果留下她在国内,我不放心。但我有能力供她在美国上大学吗?

正在犹豫不决之际,一本书竟然改变了我的人生。我读到美国女作家尤恩森写的《宋氏三姐妹》,该书前言中有一段话深深地震撼了我:

> "人们称宋耀如是世界上最杰出的三位女性的父亲,正是他的学习决心和他要为女儿提供他所获得的教益的愿望,使她们达到了各自的历史地位。他是一个伟大的父亲,如果没有他的大胆进步的思想,那他的女儿们就可能缠足裹脚,在中国沿海一个小渔村里默默无闻地渡过一生。但宋是一个不受制于传统习俗的男子汉,他要主宰自己,不管上帝给他安排了什么样的命运,他的理想——让自己所有的孩子都在美国受到教育。"

> -- 摘自该书的中译本

这个伟大的父亲造就了中国近代史上三位最杰出的女性。正是这段话促使我下定决心，宋耀如的理念后来一直成为我的人生目标和追求。

促使我下决心的另一件事是，1984 年，在科大校园里，有三位中年教员相继英年早逝，一位是三十六岁的助教，清华毕业生，一位是四十三岁的讲师，科大毕业生，一位是四十七岁的副教授，留苏副博士，他们的死因很相似，长期营养不良和过度劳累。在追悼会上，看着悲痛欲绝的遗孀和失去父亲的年幼的孩子，大家心里充满了悲伤和对未来的忧虑。那时我们的生活实在太清贫了，早晨起来只吃一个馒头喝一碗稀饭，还有什么能量搞科研！和我一起工作的讲师王明老师说："哪一天我能早晨喝一碗牛奶，吃一个鸡蛋，中午吃一块大猪排，晚上吃一个苹果，我就能出科研成果。"这段话给我的印象太深了。现在的年轻人不要以为我在编什么神话故事，这是历史。祖国，你有这么多优秀的儿女，你可要爱惜他们呀！

1985 年 10 月，我把峻峻送回成都外婆家。我离开峻峻时正是半夜，她已经睡觉了，我在她的额上深深地吻了一下，泪水滴在她的脸上。我看到她眼角的泪水，知道她没有睡着。我说："好好念书，妈一定要接你到美国去上学。"我牢记着临行前对女儿说的话，我愿付出一切去实践我的诺言。那一年，峻峻刚刚十二岁。

1985 年年底，我带着波波飞往美国，我是多么的依恋这生我养我的母亲，这悠久古老而又饱受苦难的土地，我们在这块土地上，留下了人生的足迹，在京密水渠，在京原铁路，在湖北沉湖农场，在西平县化肥厂，我撒下过青春的汗水。为中国的诺贝尔奖，为中国的火箭、卫星和宇宙飞船的发展作贡献，一直是我少年时代的梦想，作为科大毕业生，我有能力作出我的贡献，但我从来没有得到过为国效力的机会。我们的黄金年华已一去不返了。尽管我们的生活一直清贫，尽管我遭受了十几年不公正的待遇，我都能承受，我都能忍耐，我都能原谅，我对你的爱始终不变。如今，当我已届不惑之年，却要离乡背井，飘泊异国，我不知在前面会是什么样的路，但我还是走出了。因为我不愿我们的后代像我们这样辛苦地活着。带着无奈，带着惆怅，带着无尽的思念，带着心灵的伤痕，祖国，请原谅我离开了你。

当飞机离开地面的那一瞬间，我就像断了线的风筝，悠悠乎乎地飘向那遥远陌生而又充满神奇诱惑力的新大陆。

十二. 雏燕展翅

为了给孩子准备学费。祥找到乔治城的一家中国餐馆送外卖, 我在水门饭店 (Watergate) 附近找到一家美国餐馆当 waitress。为了减轻我们的压力, 峻峻 14 岁起就到快餐店打工, 刚刚 11 岁的波波也到楼下的人家里帮助做些家务。那时我和峻峻都在室内干, 我们最担心的是祥, 不论下雨下雪, 他开着车走遍了乔治城的大街小巷, 有时不小心吃了张停车的 ticket , 那一天就白干了。我劝他不要干这个工了, 他说干这活花时间少效率高, 一周干三个晚上不耽误白天上学, 全家人齐心协力, 积少成多, 三年五年的孩子的学费就有了。

孩子们过生日那天, 祥把上星期打工挣的 180 块钱装在两个红包里, 送给他们作为生日礼物, 两个孩子扑在爸爸身上。波波拿着自己刚刚挣到的 20 元钱说要把钱存起来给姐姐攒学费。峻峻说: "爸爸, 你不要打工了, 我好好念书争取拿奖学金。"祥把孩子紧紧搂住说: "别说傻话了, 我们不作那个梦, 我们没有绿卡, 爸妈知道你已经很不容易了, 你只有三年的时间, 能在三年内在人文学科方面赶上美国学生的中等水平就已经很不容易了。只要你们上进, 爸妈一定全力支持。"

人是靠着希望而活着, 是为着爱而活着的。虽然我们没有绿卡, 没有工作, 没有房子, 也没有钱, 但我们有一对聪明、可爱又努力上进的儿女, 他们是我们的希望和生命, 我们有我们的理想和追求, 有我们的欢乐和爱, 更重要的是, 再没有文革那样的"政治运动"来折腾、打压我们了。我们坚信, 凭着我们的智慧和勤奋, 一定能在新大陆开出一条路。

冬去春来, 峻峻已经上十二年级了, 我们的积蓄也一点点慢慢上涨, 算起来也够她上三年私立大学的学费了。我们鼓励她报考最喜欢的学校, "只要你考得取，我们一定支持你上。"我们想得很清楚，钱以后还会有机会去挣，但孩子上学的机会失去了就很难弥补。二十几年前，我们的机会已经因为文革永远地失去了，今天，不能因为钱而让孩子失去她的梦。

1991 年 3 月的一天，峻峻打电话到学校来，第一句话就是："爸爸妈妈，你们不要打工了，我拿到奖学金了，我可以自己供自己上大学了！"到美国仅仅三年，还没有绿卡的峻峻，以全额奖学金被著名的 Caltech 大学录取了。我们把录取通知书反复看了几遍，才相信这一切都是真的。当时，我们全家人紧紧拥抱在一起，哭了。

1991 年 9 月的一个晴朗的早晨，全家人到 Dulles 机场送峻峻到加州上学。昨天，我们没有嘱咐她很多，因为这个女孩子已经不是第一次离开爸爸妈妈，也不是第一次独自出远门坐飞机。我们只送给她一本日记本，在扉页上写着"崇尚真理，独立思想"。

峻峻满怀信心地登上了飞机。望着她那洋溢着青春活力的矫健的身影，此时我想到了什么？

我在想，这像个神话又像一场梦，那个在西平农村小土屋出生的小女孩今天终于跨进了科学的殿堂，17 年的岁月，从地球的那一边到地球的这一边，这是一条多么遥远、漫长而坎坷的路。你走过来了。命运对你并没有特别垂青，你生于忧患，你长于贫困，我们没能给你一个美好的世界，但你看到了一个真实的世界，你有勇气面对人生的挑战；我们没有金钱财富，但你懂得了知识就是力量，就是那人类文明和无穷无尽的财富的源泉；我们没有官爵地位，但你懂得了要把命运掌握在自己的手中，要靠奋斗去争取自己的未来。你饮过黄河长江的水，你冲击过波多马克河的浪涛，渊远流长的东方文明哺育了你，绚丽辉煌的西方文化沐浴着你。如今，你要展翅飞翔了。飞吧，我的勇敢的小燕子，载着你的理想，载着几代人的希望，飞向那辽阔的天空，去追寻你的梦想。

十三. 后记

拙作"岁月淌不尽的希望"刊登后,受到不少年轻人的关注,在此深表感谢。雄师一案已经过去近半个世纪,我已步入花甲之年。之所以现在发表是我感到时间的紧迫,近几年我的同班同学已经有几个过世,再不写下来就太迟了。一些年轻人看了以后觉得不可思议,有人怀疑我是编的故事,我要告诉大家的是,这一切都是历史事实。我这把年纪没有必要在网上编故事赚流量。

我可以提供如下证据

雄师一案在中华人民共和国公安部和北京市公安局都有记录,您可以去查。

本人保留有中国科技大学党委1979年给我的两份平反文件的原件,如果需要我可以在网上贴出。

最近我得到了"中央文革向何处去"的原文,该文在全国不少地方都被转抄过,如果需要我可以在网上贴出。

1966年到1967年在北京玉泉路科大的学生老师和员工许多人都还活着,他们都是历史见证人。

我们这一代能留给后人的东西不多,留下这段历史,使我们的后代不再经历这种人为的悲剧,这大概是我们这代人最后的一个历史使命和留给后代的遗产。

十四. 板桥溃坝三十五年祭

1975 年我和祥都在河南西平县化肥厂工作。

那一年的夏天格外的热。八月初祥和几个同事去湖北出差，八月八日，我有事去郑州，那天天气阴沉下起了大雨。下午办完事后我想着只有婆婆和才一岁的峻峻在家里，今天一定要赶回去。一路上看到沿途许多庄稼已经被淹，有几处水已快淹到路基。到了西平雨小了些，出了车站，看到平时热热闹闹的车站已经没有人了，车站前的路积水已到小腿肚。我冒着雨，淌着水深一步浅一步赶回家中，看到婆婆抱着峻峻正眼泪汪汪巴望着我回家呢。我把在郑州买的蛋糕给峻峻吃，峻峻还要给婆婆一块，婆婆舍不得吃，说留给峻峻吃。后来我才知道我乘坐的这一班是京广线上最后一班车，我后面的一班车走到一半，因路基被毁，没能通过。

当晚电闪雷鸣，雨越下越大。那雨就像把水龙头拧到最大忘记关了，就一直不歇气地哗哗地下，到了半夜，一道照亮天空的闪电后，听到一声像要把天空撕裂的巨响，化肥厂有节奏的机器轰鸣声嘎然止住，天地间一片黑暗，那种黑暗可以这样描述，人们睁着眼和闭着眼没有区别。化肥厂的职工习惯了厂里日夜不停的机器轰鸣声，看惯了厂里日夜不熄的灯光，听着这声音吃饭睡觉，心里有一份踏实和安宁，现在这些声音和灯光一下子消失了，大家心里充满恐惧和不安，仿佛到了世界的末日，预感要有什么大事发生，可在那暴风雨的黑夜又都无能为力。婆婆起来点了个蜡烛，她说要发大水，赶紧接点水存起来，我心想，这漫天漫地都是水，还接水存在家里干什么，她自己到外面把家中所有的容器都盛满了水。到后来我才明白，水灾过后，这漫天漫地的水是不能随便喝的。

第二天大家看到的是西平县已全部停水停电，铁路和公路交通全部中断，和外界的电话电报也已中断，我们已经和外部世界完全隔绝。那么昨天夜里究竟发生了什么？

许多方面的消息证实，昨夜位于遂平境内的板桥水库承受不了这百年一遇的特大洪水，坝堤被洪水冲毁，堤上保坝抢险人员全部被巨浪卷走，洪峰扑天盖地势不可挡地向下游冲去，所到之处，像扫帚扫地一样，把地上的所有一切，房屋，庄稼，牲畜和熟睡的人们一下吞噬掉，洪峰从西向东扑向京广铁路，把铁轨高高卷起又狠狠摔下去，从西平到驻马店一线的铁轨已被拧成了麻花。京广铁路全线中断。当时京广线是中国南北交通大动脉，京广线一中断，半个中国就瘫痪了。

由于没有公开的信息，各种小道消息不胫而走，真真假假，有的越传越邪乎。

人们关心的是这两天雨还要继续下，上游的洪峰还要一波一波继续冲下来。

化肥厂家属区后面有一条河叫洪河，这条河在厂后面突然拐了个 90 度的弯向北流去。洪河的河堤高过县里的许多房子，如果洪峰冲下来，在拐弯处冲破堤坝，直冲县城，整个县城就会成为一片汪洋。

板桥水库的崩溃让人们明白了，在大自然强大的威力面前，人类是渺小的，人类的力量是有限的。县里和厂里没有组织护坝保堤突击队，叫各单位派人轮流值班，如果破堤就敲锣打鼓叫大家逃难。

化肥厂大部分职工都是本地人，老早就跑回家了，厂里剩下七八家外来户和值班的厂领导，各家自己想办法自救，有的拆门板，有的把床上的箔篱重新绑结实。拿箔篱当救生圈。祥不在家，婆婆就成了我的主心骨。她拿旧衣裳做了个结结实实的大布兜，可以把峻峻放在里面绑在身上。家里有一张八仙桌，是用上好的木料打成，婆婆千里迢迢从丹阳把它运过来。据她说，那年丹阳发大水，她就是靠这张桌子捡了条命。如果洪水来了，就把峻峻绑在身上，我们三人在这八仙桌里就能活命。厂里几个男人们商量说，家属区离河堤太近，地势又低，叫厂里的男女老幼晚上不要在屋里过夜，到厂里未盖好的造气楼去。造气楼是钢筋水泥地基，有三层，比洪河的河堤高，在上面呆着比较安全。

当时家里只有四五斤白面和七八斤红薯面了。如果洪水十天半月不退，这些粮食就是我们娘儿三个的救命粮。傍晚婆婆给峻峻杆了几根面条，就着蛋糕让她吃下去。她又做了几张饼，把剩下的粮食放到篮子里挂到房梁上，就跟着大伙上了造气楼。

造气楼到处是钢筋钉子，还有大大小小的洞眼，二三十口人挤在上面。女人们怕孩子乱跑掉下去，紧紧抱着孩子不让他们乱跑。

当夜幕降临时，黑暗再次笼罩了西平大地，又像昨晚一样的暴雨。好在这次人多，大伙在一块壮壮胆。男人们在一块儿吸烟聊天，女人们在一起哄孩子。借着烟头微弱的亮光，还有孩子的哭闹声，你能感觉到这个世界真实的存在。

那个晚上天气闷热，又有许多蚊子，峻峻一直在哭闹，我和婆婆轮流抱着她，给她搧扇子赶蚊子，到天亮才迷迷糊糊睡了一会。

早上起来一看，洪河没有决堤，雨也小了些，就陆陆续续回家。出了生产区，看到许多难民从乡下往城里跑，连家带口，扶老携幼。家属区也挤满了难民。我们都不敢开门回家。时任副厂长的万良看到着个阵势，赶紧叫厂食堂熬了几锅面糊糊汤让难民都喝了些，一碗糊糊汤喝下去后，人们都缓过了点劲。万良对着大伙说：乡亲们，毛主席他老人家派飞机给咱灾区老百姓送大饼来了，大伙快往城里去，直升飞机正往下扔大饼呢。

难民听说县城里有大饼，就都赶紧往城里去了。那几天确实有飞机往下扔大饼，但是抢的人很多，年纪大的和妇女根本抢不到。

难民们走后院子里清净下来，大家才敢回家，我们看到梁上吊的粮食还在，桶里存的雨水还在，就放下心来。

当时各家都存了些雨水，都还能坚持几天。老人们说，水灾过后，河里，塘里甚至井里的水是不能喝的，因为洪水卷走了地上所有的污物，还有死人，死牲畜，腐烂的庄稼。洪水过后瘟疫就是由此引起的。历史上洪水过后瘟疫死亡人数往往比洪水造成的死亡人数还要多。我真庆幸当初婆婆存了那么多雨水。

婆婆熬了点面糊糊，把最后的两块蛋糕给峻峻吃了，告诉她再往后就没有蛋糕了。

大家正在吃饭，在厂区看门的小翟急忙跑来，说有一孕妇走到厂门口走不动了，马上就要生了。他把产妇放到堆煤的屋子，就跑来求救。

几个年纪比较大的妇女拿了些小孩的衣服赶了过去。李婶叫我到化验室拿把剪刀，酒精和干净的纸。当我拿了东西赶到时，我听到了产妇凄惨的叫声，她斜躺在煤堆上，身下垫了些报纸和化肥袋。我不知该干什么，李婶叫我回家去熬点姜汤，我回到家和婆婆熬好姜汤赶回去时，孩子已经生出来了，是个健康的男孩，但产妇却昏死过去。大家叫婆婆来给看看，婆婆在产妇的人中使劲按了几下，又灌了几口热姜汤，产妇就缓过气来。几个有奶的妇女轮流给新生的孩子喂了几口奶，孩子就·安安静静睡了。那产妇的婆婆看到媳妇孙子都平安，感激得给大伙作揖说：谢谢各位救命之恩，这孩子就叫水生，长大后一定回来报达各位大姐大婶的大恩大德。

大家商量刚生完孩子就在这煤堆上躺着不行，就叫厂里两个工人拉架子车把他们送到县医院去了。

接下来几天，雨停了洪水也慢慢退下来，但厂里依然是没水没电，我们就靠家里那点水和粮食过活，天气炎热，没有净水，无法洗澡，峻峻浑身起了痱子。又没有蔬菜吃，蛋糕也吃完了，每天也就跟着吃点面糊糊，大人小孩都嘴里起泡上火。婆婆就跑到厂外去挖野菜，先在河里把泥洗掉，再拿回家用清水冲一下，剁碎了给峻峻包了几个野菜馄饨。峻峻吃到新鲜的野菜馄饨，可高兴了。

那几天，河边还经常有飘过来的尸体，天气炎热，几天几天泡下来，空气中散发着令人恶心的腐臭味。县里组织了埋尸队，很多人都不愿意干，县里就同意发加班费外加两顿饭。一些年轻人看有钱赚，有饭吃，就去了，回来后说这活真不是人干的，有的人恶心得好几天吃不下饭，他们看到的死尸男女老幼都有，有的妇女还抱着孩子，很惨。尸体是就地掩埋，挖一个深坑撒上些石灰就埋了，每天向县里报个数。据统计西平死亡人数大约在千人，因为西平不在板桥水库的泄洪道上，没有被洪水冲下直接死亡的。而在西平的邻居遂平县就惨烈得多，死亡的尸体太多了，没有人手掩埋，中央派了解放军，有的地方是挖大坑集体掩埋，几千个解放军埋了一个多星期都没有埋完。不管官方数字怎么说，老百姓估计，板桥水库的泄洪道上几乎无人生还，遂平县的死亡人数在二十万以上。遂平县和西平县这次受灾情况相似，两县的人口基本相同，但死亡人数有如此巨大的差别，这只能说明，遂平县95% 以上的死亡是由板桥水库的崩溃引起的。

几天以后，祥他们一行出差的人也回来了，经过这场生死浩劫，亲人重逢，像是做了一场噩梦。

他们带回了灾区急需的火柴，蜡烛，电池，手电，药品和一些食物，还给峻峻买了蛋糕。祥把一些急需的东西分送给了邻居。

祥告诉我们，他们在新洲化肥厂听到板桥决堤的消息后就急忙往回赶，到武汉后，京广线已断线。他们就坐飞机飞到郑州，郑州到驻马店地区所有的铁路公路也已阻断。看到的是郑州市的大街小巷的居民都在烙大饼，说是让飞机送给灾区人民。他们想了解西平的情况，没有人给他们答案，各种小道消息满天飞，他们找到几个西平老乡，听说省里派了飞机去查看灾情，看到西平城关塔的塔尖在水面上，其余都是汪洋一片。城关塔是西平县城地势最高的，如果城关塔被淹，其他地方一定泡在水里了。想着家里的男人不在，老幼妇孺碰到这么大的洪水可怎么办，越想越害怕，几个大男人坐在招待所里呜呜大哭起来。仔细想想，与其坐在这里胡猜乱想，不如赶紧想办法回去。他们把手中的钱买了些急需品，就到处打听往南的车子。刚巧碰到西平农机厂的两个老乡，开着拖拉机准备回西平，也愿意带上他们，多些人壮壮胆，以防路上的劫匪。据这位老乡讲，通往灾区的路已经戒严，一是防灾民跑到大城市，二是防止灾区瘟疫蔓延到城市。但他对这段路很熟，可以穿小路。为了防止路上被拦截，他们决定傍晚走，赶夜路回家。他们坐在拖拉机后面的拖斗里颠簸了一夜，天亮时赶回了家。看到家人平安，化悲为喜，心里终于踏实了。

过了几天，县里的救灾粮发下来了。厂里组织了救灾队给厂里领导和职工送救济粮。首先是给领导送，如果职工和领导在一个村，也就跟着沾光了。我被安排去师灵公社。车子一路开过去，满目苍痍，地里庄稼基本死绝，今秋绝收已成定局，大部分的土坯房已被洪水泡成一滩泥，只有少数砖房还在。我们来到一个工人家里，他家的房子是在土坯的地基上用树枝撑起个屋顶，树枝上盖了用化肥袋拆的朔料布。周围压了些土坯。屋里除了一个炕和几个碗，基本没有什么东西。外面的土灶支着一口锅。他们烧了些水，放了些野菜，拿我们送去的面粉打了点糊糊，让我们一起吃，我们没有吃，又继续送了几家，家家情况都差不多。回来的路上，大家心里都很沉重，不知下半年西平老百姓的日子怎样过。

驻马店地区的大水灾在当时从中央到地方大小报纸没有提一个字，但这个消息不知怎么比现在的 internet 跑得还要快传遍全国，我的父母亲当时在南疆兵团农场里，他们很快也知道了，他们听到的和祥在郑州听到的一样，西平县城已被淹。他们曾经打过电报，电话，都没有打通，音信全无。那一阵他们天天都没有睡好觉。半个月后当邮局重新开门那天，我立即给父母发了个电报，只有四个字"全家平安"。母亲接到电报后，说了一句话"大难不死，必有后福"。

几年后我们出差经过遂平板桥水库遗址，看到从被冲垮的大坝洪水流过的痕迹，那里仍是一片没有生命的砂石地。

如今，三十五年过去了，那个叫水生的孩子，已是三十五岁的男子汉了。关于这场灾害的记录不多，前几天看到 CND 上的报道，作为这次洪灾的幸存者，我把自己亲历的见闻写下来，谨以此文祭奠那些逝去的亡灵，也祝愿这场灾难的幸存者大难不死，都有后福。

附雄师的大字报原文之一: 中央文革向何处去?

一、前言

人类历史上空前所未有的无产阶级文化大革命, 如果从六月一日算起, 到现在已快七个月了。这场由毛主席亲自发动和领导的文化大革命, 是使我们党和国家永不变色, 永远沿着社会主义方向前进的重大举措, 它也必将对世界的未来发生不可估量的影响。这七个多月来, 在我们祖国的大地上, 发生了多么巨大的变化啊! 天变、地变、人的思想变, 一个大立毛泽东思想绝对权威的新纪元开始了!

但是, 我们不能忘记, 前面的道路还长着哪, 走过的七个月, 才是完成了文化大革命万里长征的第一步。回顾七个月来运动, 经过了多少曲折, 多少反复。每一个革命者都必须做好被围攻、被打成"右派"、"反革命", 甚至坐牢、牺牲的准备。但是, 毛泽东思想是我们心中最红最红的红太阳, 毛泽东思想指引下的革命群众运动, 正以雷霆万钧之势, 冲破重重阻力, 奋勇向前。

在七月后的今天, 让我们来认真研究一下周围的现状。

二、问题的提出

前几天, 在北京刮起一股"抓人风"。北航红旗抓了, 三司抓了。一个个小"反革命分子"被送进了公安部门。

这是一个突出的事件! 它是推动了文化大革命, 还是起了压制群众的作用?

三、主流和逆流

关键在于对形势怎么看, 对革命的群众运动抱什么态度。

十一月中旬到十二月上旬，出现了一些把矛头对准中央文革的大字报，群众起来批评中央文革，这才露出一点儿苗头，但是十二月中旬，以北航红旗、三司为代表，把这种情况称作是资产阶级反动路线的反扑。满街满巷都贴上了"打退资产阶级反动路线的猖狂反扑"、"谁反对中央文革就是炮打无产阶级司令部，就是反革命，就要砸烂它的狗头"之类的标语，随之而来，就是一个大逮捕，似乎没有这个反击，右派真要翻天了！

这是完全错误地估计了形势！

让我们来回忆一下近两个月的运动。

十月一日林彪同志的讲话，十月三日《红旗》杂志第十三期社论、十月六日首都一个大会，吹响了批判资产阶级反动路线的冲锋号，革命派无不欢欣鼓舞，北京和全国各地运动掀起了一个高潮，取得了巨大成就。

在批判的过程中，也出现了一些缺点，如：

过多地追究个人的责任，不适当地把矛头指向一些群众组织。

在批判中缺乏经常细致的政治思想工作，而是采用一些形式主义的做法，如骂修正主义的红卫兵，抢材料和广播器材等，砸××司令部、解散×××总部等。这些也就造成了群众之间的一些对立。（各个群众组织之间对立现象的发生主要来源于资产阶级反动路线的影响）这些情况在开始时是不可避免的，也是不难纠正的。

十月中央工作会议上，毛主席指出要做政治思想工作，林彪同志提出要破私立公的问题，陈伯达同志提出对犯有路线错误的人的几个界限。这是把运动提高一步，把批判资产阶级反动路线的斗争提高到毛泽东思想的水平上来的指示。但可惜没有很好地执行，少数派中的一些人继续采用原来的一些错误作法。

十一月三日，林彪同志在毛主席接见全国各地来京革命师生大会上特别讲了无产阶级专政下的大民主"不但领导和群众之间必须彻底实行，而且群众中，在群众互相之间，也完全必须彻底实行。"同日解放军报发表社论《再论提倡一个"公"字》指出："在无产阶级文化大革命更加深入发展、社会主义革命更加深入发展的情况下，为公还是为私的问题越来越突出，越来越尖锐地摆在我们每个同志的面前。"又指出："我们一定要有高度的革命自觉性，把自己从'我'字中解放出来，从本位主义、山头主义的局限性里面解放出来，使自己真正成为一个完全的共产党员，一个识大体、顾大局、大公无私的共产主义战士。"可是某些人并没有听，运动中的不良现象在发生着。

这些问题如果中央文革小组能够深入群众，原来是不难发现，不难解决的。中央文革小组运动初期曾是这样做的；但是现在做的越来越少了。因此他们的指导也越来越不得力了！他们的眼睛只看着一些"左派"，形式地执行阶级路线。这样言路不广，听不到各方面的意见，特别是下层同志的意见。

事实上，无论少数派、多数派队伍都在分化，而中央文革小组的同志却用固定的眼光来看原来的多数、少数派队伍，过多地依赖少数派，他们想通过少数派来领导北京的运动，用北京的运动来指导全国的运动。而事实上运动的发展却远远地跑在了中央文革小组的想法的前面，北京的运动还没有外地运动扎实，外地已跑在北京前面。

在这样的情况下，群众是有意见的，文化大革命也不能很好地进行下去。

十一月十日，毛主席在接见红卫兵时对干部们说："给群众定框框不行。"号召干部们："你们要政治挂帅，到群众里面去，和群众在一起，把无产阶级文化大革命搞得更好。"这是多么伟大的号召，也是对中央文革小组一针见血的批评。但中央文革小组没有很好地接受批评，改变他们的工作作风。

广大群众是要革命的，毛主席的话在群众中有无限的威信。他们眼看着运动的现实，心里翻腾着毛泽东主席的话："你们要关心国家大事，要把无产阶级文化大革命进行到底。"的号召，回忆着文化大革命的往事，在默默地总结着。

因为工作组撤走以后，北京的运动是在中央文革小组的直接领导下进行的。十六条上说得好："党的领导敢不敢放手发动群众，将决定这场文化大革命的命运。"因此，群众对运动的意见，便自然地找到了中央文革小组的头上。例如：

讲话风。中央文革小组的一些首长过多地发表讲话，过早地定调子、作结论，没有很好地号召大家活学活用毛主席著作和十六条。根据运动的现状，独立地分析问题，自己用毛泽东思想来指导运动。结果助长了群众中某些人的奴隶主义，各种意见不能充分发表出来，就不能自己教育自己，一些工作搞得不深不透。

中央文革小组对老少数派依赖过多而批评帮助不够；因而使他们的一些过

火行为不能及时纠正，造成损失。而对多数派又缺乏足够的革命热情，帮助他们改正过去的错误，对他们的革命积极性也缺乏肯定。

中央文革小组在指导长征串连上缺乏全面的考虑。

在指导工人运动上，中央文革小组表现是跟不上形势，放手不够。11月11日陈伯达同志在送上海安亭车站的电报又没有突出政治，给工人运动泼了冷水，引起工人同志的不满。

另外，中央文革小组某些同志缺乏自我批评的精神，讲了错话，又不敢公开承认错误而想偷偷改。等等。群众自然有意见，就要发言，就要写大字报，这是多么好的形势啊！群众自己起来，勇敢地探索把无产阶级文化大革命搞得更好的道路。这是前阶段运动成果的最集中体现，是群众革命精神的高度发扬。这是主流，是符合运动发展规律的。

在这革命风雨到来之前，是满腔热情地爱护和提倡群众的革命积极性，鼓励群众的批评，还是只看他们的缺点和错误，看到里面浑水摸鱼的坏人而自觉不自觉地加以打击，这是检验一个人是真革命和假革命的表现。

作为领导，中央文革小组应当透过现象看本质，欢迎群众起来总结。可是中央文革小组采取了完全错误的态度，他们"看问题的方法不对。他们不去看问题的本质方面，主流方面，而是强调那些非本质方面、非主流方面的东西。"（毛主席语录）

在向中央文革提意见的同志中，有些原来处于多数派地位的同志，现在有怒气，他们的批评，采取的不是完全正确的态度，而是有情绪。但正是由于这些同志所处的地位，他们往往敏锐地抓住了中央文革小组的工作中的缺点，他们的批评基本上是正确的。

一小撮顽固坚持资产阶级反动路线的人死不回头，恶毒地攻击毛主席、林副主席，炮打无产阶级司令部。有的坏分子目无法纪，进行武斗，这是一股反动逆流。对它进行反击是必要的。逮捕那些杀人行凶的分子，发动群众起来批判那些炮打无产阶级司令部的毒草，打退这股反动逆流。

可是中央文革小组看到的就是那股逆流，就是一些同志在批评时的情绪，却偏偏看不到那些合于运动发展需要的正确意见。而把这一律看成资产阶级反动路线的反扑，看成右派翻天。这样，他们也就迷惑了自己的方向，采取了一些错误的作法。开大会，造声势，抓人，把那股主流也打下去了。之后，抓人显然引出了严重的后果，领导上显然在想纠正。现在又提出打倒刘邓路线，贴出"打倒刘少奇、邓小平"等大标语，想把运动扭入正轨。但是伤痕犹在，群众积极性怎么发挥？以前的一大堆问题没有解决，连怎么批判资产阶级反动路线还糊里糊涂呢，怎么谈得上彻底批判呢？在这种情况下，要么跟着跑，要么就只有"没事可干了"。

四、这是一种什么运动

两个月的北京运动，随着中央文革的错误发展，已越来越远地脱离毛泽东思想的轨道。

想当初，毛主席下令撤消了工作组，中央公布了十六条，群众一经和毛主席正确路线见面，思想大大解放，运动大开展了。

可是现在，许多人思想上又蒙了一层灰影，摸不清形势，又不敢说话，"不要我也上了反革命的当"。许多人感到压抑："我也和×××有相同的观点，说出去岂不也成了反革命，也要逮捕了。"

想当初，中央文革执行了毛主席的革命路线，深入群众，依靠群众，放手发动群众，和群众在一起，那时，他们的讲话对我们是多么亲切，真实说出了我们的心里话。

可是现在，他们的话里那么捉摸不定，有时甚至与群众的愿望完全相反，却还是拉着群众运动的鼻子走，越拉越别扭。

如果说十月中下旬，北京的群众运动已开始向运动群众转变，那么现在却有连运动群众也运动不了的苗头了。昨天已开斗争反革命分子×××的大会，今天又在搞刘少奇、邓小平，明天又要去揪×××的后台。东轰一炮，西刺一枪，而广大群众则完全处于被动的地位，许多人昨天去跟着呼几句自己也不太理解的口号，今天会也没开完就跑了回来，明天索性不去了。

北京的大专院校里，已不再是那种轰轰烈烈的群众运动场面，寥寥无几的大字报和大标语也吸引不了人，许多红卫兵组织和战斗队已不再是一个生机勃勃的战斗集体，而成了事务所、印刷所，连北航红旗也有人提出没事干了。许多同学成天要传单，"研究"中央首长讲话，默默地寻求方向。

这是一种什么运动？它符合文化大革命的根本目的？

五、将革命进行到底

无产阶级文化大革命的根本目的, 就是要从根本上防止我国产生修正主义, 防止资本主义复辟。毛主席所创造的无产阶级专政下的大民主的伟大意义也在于此。

而中央文革前阶段工作中的许多措施, 是与这个目的背道而驰的。如果不纠正错误并消除其影响, 文化大革命就会半途夭折。

文化大革命处在一个关键时刻!

中央文革小组向何处去?

要么承认错误, 改正错误, 发动群众来一个大总结运动, 彻底批判资产阶级反动路线, 要么继续过去的错误, 使文化大革命走过场。两种办法, 两个前途!

我们热切地希望中央文革小组同志听毛主席的话"你们要政治挂帅, 到群众里面去, 和群众在一起, 把无产阶级文化大革命搞得更好。"

我们必须努力, 我们必须拼命努力地向前, 为实现毛主席下定决心规划的无产阶级文化大革命的灿烂前景而奋斗。

—中国科学技术大学《雄师》战斗队, 1966 年 12 月

附雄师的大字报原文之二：分歧在哪里？

一、分歧的实质

我们的第一张大字报《中央文革向何处去》出来以后，听到各方的反映和意见，反对我们的同志和我们分歧的焦点在于对十一月下旬以来北京市的形势如何估计。

十一月中旬到十二月上旬出现了一些矛头指向中央文革的大字报，我们认为当时这种现象不是偶然的，而是运动内在矛盾必然爆发的反映，不可避免地里面会有个别的坏人浑水摸鱼，但它绝不影响群众运动的主流。群众自己起来用毛泽东思想探索搞好文化大革命的道路，这是群众革命主动的表现，同时对前阶段运动一些错误的看法也发表出来了，这是无产阶级大民主深入人心的体现。形势好得很。正如林彪同志讲的"革命的群众运动天然就是合理的。"应该根据无产阶级大民主的原则正确的加以引导，开展群众性大辩论、大总结、大整顿，使群众在大辩论中辨别是非，加强团结，使批判资产阶级反动路线的斗争提高一步。

但是以三司和北航红旗为代表的某些组织却把这些统称为资产阶级路线的疯狂反扑，看成是右派翻天。因此，他们用大抓人的办法来进行反击，企图把这股风压下去。

我们认为当时的形势好得很，而他们认为，形势糟得很。究竟是谁把形势看得一团糟？不是我们，而是他们。

而分歧的实质就在于用什么方法批判资产阶级反动路线，能不能实现毛主席的大民主，要不要把批判资产阶级反动路线的斗争提高到毛泽东思想的高度上来，归根结底，就是要不要继续革命的问题，要不要将文化大革命进行到底的问题。

二、把运动提高到毛泽东思想的水平

毛主席教导我们："事物的矛盾法则，即对立统一的法则，是自然和社会的根本法则，因而也是思维的根本法则。"

在整个文化大革命的全部过程中，存在着两条路线的斗争，这就是无产阶级和资产阶级思想的斗争，也就是公与私的斗争。随着运动进入到新阶段，在用什么方法批判资产阶级反动路线也就是如何对待群众和群众运动的问题上，少数派也会分化。根据毛主席的"一分为二"原则，我们坚决反对用固有的、形而上学的观点来对待多数派和少数派。

自从一月份（注：应为十月份，疑为刻印笔误）吹响了向资产阶级反动路线猛烈开火的号角，中央文革肯定了原少数派的观点是正确的，支持了革命的少数派，少数派翻身了，他们的地位变化了，处于矛盾的主导地位。当少数派处于被压制的地位，或在群众刚一发动起来时采取的一些过火的偏激行动是正常的，是可以理解的，是绝不应指责的。在新条件下，把运动逐渐提高到毛泽东策略思想的高度已成为当务之急。正因为如此，江青同志就语重心长地教导我们："一个真正的无产阶级革命者掌握原则，掌握政策，懂得策略。""要壮大左派队伍，团结大多数愿意革命的人。"

少数派中的一部分人，正是遵照毛主席的教导，走毛主席的群众路线，帮助受蒙蔽的群众认识自己的错误，善于听取不同的意见，不断改正自己工作中的缺点和错误，促进自己思想革命化。以他们为核心，越来越多的群众团结在他们周围，逐渐形成一支浩浩荡荡的大军，他们是少数派中的左翼。少数派中还有极少数人，他们本来不是真正的左派，而是个人主义者，是既得利益者。在他们被压迫被打击时可以斗争得很勇敢，很坚决，一旦他们翻过身来，取得领导权以后，就认为大功告成，不想继续革命了，因袭守旧，以"左派"自居，无视多数派群众的革命要求，歧视打击原来犯过错误的同志，自己不革命，还不许别人革命。正因为这样，他们在批判资产阶级反动路线的名义下，采取了一些形"左"实右的做法，他们说×××是修正主义的红卫兵，××总部要解散，去砸××司令部，他们强调揪个别人的责任，而不愿意做一些深入细致的争取群众的工作，更没有把斗争上升到破私立公的高度。在开展批判资产阶级反动路线三个月后，为什么有些人还对资产阶级反动路线认识不清？为什么群众中的对立情绪还远远没有消除？为什么原来的一些敢说敢干的闯将现在却在办公室里做官当老爷。失去了当年朝气勃勃的劲头？为什么有些人不是用毛泽东思想指导来干革命，而是靠小道消息，这就说明资产阶级反动路线有相当深厚的社会基础。资产阶级反动路线无时无刻不在侵蚀我们的队伍，资产阶级反动路线的基础，主要还是资产阶级，归根结底就是一个"私"字。运动发展到现在一个阶段，已向我们提出这样的任务，不把批判资产阶级反动路线提高到破私立公的新水平，运动就搞不下去。不破私立公，就不能造就无产阶级革命事业的接班人。不破私立公，就不能形成革命化的左派队伍。不破私立公，就不能彻底批判资产阶级反动路线。一句话，不破私立公，就不能把无产阶级文化大革命进行到底！我们要按照林彪同志的教导："不但要把自己做为革命的动力，而且要把自己做为革命的对象。"在斗争中学好老三篇，促进认得思想革命化。

三、批评中央文革的现实意义

无产阶级文化大革命就是要树立毛泽东思想的绝对权威，让广大群众用毛泽东思想对党和国家的各级领导进行批评和有效的监督。这是防止资本主义复辟的重要措施。自古以来都是"官为民父母"，毛主席亲自发动的文化大革命，把这个道理颠倒过来了，"民为官父母"，"官"不虚心听取群众的意见，民可以造反。

作为毛主席和党中央参谋部的中央文革小组，也不例外地要接受群众的监督和批判。而且由于中央文革实际上在指导全国的文化革命，由于缺乏经验，由于有些同志与主席思想有一段距离，不可避免的会产生这样那样的错误，而且这些错误会对全国产生很大的影响，更需要群众的批判和监督。文化革命以来，我们打破了多少框框，党支部可以批评，校党委可以批评，院党委可以批评，省市委可以批评，中央局可以批评，中央领导人也可以批评。今天中央文革不可以批评这个框框我们一定要打破，中央文革就是中央文革，毛主席就是毛主席，打破这个框框，才能实行真正的无产阶级大民主。

从七月份以来，中央文革直接领导北京的文化革命，她深入群众支持了革命派，作出了很大的成绩。但从十月中旬以来，我们逐渐感到中央文革在如何对待群众和群众运动方面存在一些问题。

中央文革有时突出毛泽东思想不够，没有及时地把批判资产阶级反动路线提高到毛泽东思想的水平，也就是破私立公的水平，没有用一分为二的观点及时发现并依靠新的左派，对少数派的错误批评和帮助不够。对多数派的热情关怀和帮助不够、积极引导不够，不善于听取群众中的不同意见，因而他们也就逐渐脱离了群众。

十月中旬以来，中央首长过多地讲话，使北京运动出现了一些不正常的现象，在中央首长讲话的指导下，少数派指东打东，指西打西。今天开十万人大会斗彭、罗、陆、杨，明天打垮资产阶级反动路线的反扑。群众只有通过首长讲话和三司、北航的动向来确定运动的动向。

就是在这种情况下，一部分群众开始自己用毛泽东思想来探索文化大革命的方向，对中央文革提出了批评。他们的许多意见是正确的。中央文革也认识到这一点，并在实践中有所改进，例如有些同志对工人运动的态度有了很大改变，及时地制止了抓人风，在 12 月 23 日的讲话中提出了学习毛主席著作的号召，对"对联"的评价也作出了□□□□□□□（注：以上七字模糊难认）他们对群众的批评态度是不正确的。他们口头上也欢迎批评，但却没有一次公开肯定这些同志的方向是正确的。没有一次公开表示接受群众的意见，实际上还是听不进尖锐的批评意见。他们把群众中不同意见和资产阶级反动路线的反扑混为一谈，混淆了两类不同性质的矛盾。

陈伯达同志曾经引用过一个退休老工人的讲话："革命的地委还用我们去保？"这句话同样适用于中央文革。革命的中央文革还用我们去保？中央文革如果能接受群众的意见，公开承认自己的错误，将给全国各级领导树立一个坚决贯彻毛主席的民主集中制的光辉榜样，毛主席说"有些同志，他们怕群众，怕群众讲话，怕群众批判，哪有马克思列宁主义者怕群众的道理呢？有了错误自己不讲，又怕群众讲，越怕越有鬼，我看不应当怕，有什么可怕的呢？我们的态度是坚持真理，随时修正错误。"他又说："要真正把问题敞开让群众讲话，哪怕是骂自己的话也要让人家讲。"

我们希望中央文革小组采取必要的措施，挽回由于镇压反革命扩大化所造成的恶劣影响，公开现行反革命材料，以便群众区别两类不同性质的矛盾，创造大民主的气氛，使群众敢于讲出心里话。

我们接受的是中央文革小组符合毛泽东思想的正确领导，对于他们的错误领导我们坚决抵制，坚决提出批评。中央文革就是要广大群众的批判和监督。

四、结语

我们的大字报出来以后，听到不少的反对意见，我们欢迎大家针对我们的观点展开答辩，思想上的问题决不是把对方的观点任意上纲、歪曲、扣帽子、以势压人的方法能解决的。至于造谣污蔑恶意中伤的卑劣做法更是不值一顾，无损于我们的一根毫毛。我们准备随时坚持真理，修正错误。

毛主席啊，我们日夜想念您！

－中国科技大学雄师 1967 年 1 月 3 日

第二部: 折腾 (1916 - 1945)

2010 年是我们的父亲去世 20 周年, 母亲去世 10 周年。谨以此文缅怀我们的先人。回顾他们的一生, 从 1920 到 2000, 中国社会从军阀混战, 抗日战争, 国内战争, 土改, 肃反, 三反五反, 抗美援朝, 反右, 文革, 粉碎四人帮, 改革开放, 八九民运, 整个国家都一直在折腾, 作为平民百姓, 他们在这个大环境下, 想不折腾也不行。我在这里讲一个我们这个家这几十年折腾的故事。

父亲母亲成都 87 年

一. 从铜梁县到民生公司

我的父亲1916年出生于四川铜梁县一个殷实的农民家庭，祖父靠着省吃俭用和辛勤劳动置下一些田产。有了经济基础，祖父寄希望下一代能出读书人。父亲是长子，人又聪明，就进了学堂，虽然是西式学堂教语文，数学，自然，地理什么的，但祖父认为读书人还是以文章和写字最要紧。对他的书法要求很严。初中毕业后，父亲不甘于在乡下当农民，想去看一看外面的世界，17岁就离开家乡，只身来到重庆闯荡。

到重庆后不久，他看到民生公司招收练习生的广告，就去报名应试并被录取。怀着对人生美好的憧憬和对新鲜事物的好奇，一个乡下的孩子来到这样一个现代化的大公司开始了崭新的生活，这里有那么多新奇从来没见过的东西，电话，电影，留声机。外面的世界真精彩，当他第一次到民生公司办公楼去上厕所看到雪白的抽水马桶赶忙退出来，心想这抽水马桶比乡下人的碗还干净，怎好在里面解手。

民生公司是由中国民族资产阶级的先驱，实业家卢作孚创办，早期以长江航运为主，该公司不同了传统老企业，采用了一些西方的企业管理方法，关于卢作孚先生的为人和成就，已由许多文章和专着，此文不多述，从一个雇员的角度来看，卢作孚先生是一个知人善任，任人唯贤，唯才是举的好老板，民生公司的工资待遇比外面高，公司还给这些年轻人培训和学习的机会，能到民生公司工作真是很幸运。

练习生培训结束后，公司根据每人的能力和特长分配工作，父亲没有分到船上或码头，而是分到了档桉科管理人事档桉，父亲回忆说，他没有任何背景或后台，之所以能得这一"美差"，得益于他那一手漂亮的赵楷。父亲深知这一位置来之不易，非常珍惜这一机会，他工作就就业业，勤勤恳恳，把这人事档桉管理得有条有理。几年下来，工作顺利，工资也长上去了，还能经常给家里寄点钱。按说像他这样背景和年龄的孩子，能混到这样，应该是相当不错了。

　　但这个乡下的孩子并没有满足，民生公司这个世界还不够大，自从到了城里后，他非常喜欢看报纸，报纸开阔了他的眼界，让他看到 了更广阔的世界，他已不满足 当个小职员，他想，如果一直在这裡一直干下去，每天 重复同样的事情，生活太单调了。他非常羡慕那些记者，他们每天能看到听到那麽多的新鲜事， 但是，他怎样才能当上记者呢？他一直在学习和寻找新的机会。

二. 重庆: 新民报的小文书

老天不负有心人, 他又一次推开了幸运的大门, 遇到了他生命中第二个贵人, 新民报 的老闆和创始人陈铭德先生。

新民报的创始人陈铭德, 邓季星夫妇是中国近代新闻业的开拓者和先驱之一, 两位受过西方教育雄心勃勃的年轻人崇尚西方的民主和言论自由的理念, 要把他们的报纸办成中国的报业托拉斯。他们礼遇贤士, 广揽人才, 新民报从 1930 年一个重庆的地方小报到 1949 年成爲已在重庆, 南京, 北京, 上海, 香港等地有着五个分支, 在全国有影响力的非党派的三大民营报纸之一 (大公报, 文汇报, 国民党的中央日报和共产党的新华日报 不算在内)。

父亲很爱看新民报, 有一次他看到新民报招收文书的广告, 就去应试, 这一次又是得益于他那手漂亮的赵楷和他在民生公司的工作经验, 陈铭德看这个年轻人字写得好, 人又机灵可靠, 就让他当了文书。

这文书的职责就是帮老板管理文件, 起草书信。父亲把老板的文件整理得有条有理, 待人接物彬彬有礼。起草书信, 往往是陈先生口述, 父亲代笔, 父亲的字好, 文章也好, 这一代笔, 这封信就是锦上添花了, 深得陈先生的赏识。

报社是个小社会, 这文书的位置虽不高, 但他有机会接触很多最前沿, 最新鲜的事情。在这裡, 他开阔了眼界, 认识了不少作家, 文化界人士, 政界人士和学者名流。 他深感自己知识不足, 也不甘心一辈子做一个小文书, 他的梦想是要当大记者, 他要把他的文字也变成白纸铅字, 让世人阅读。但是他和他的梦想之间还有一道鸿沟: 他只是一个初中毕业生, 而当记者都要大学学历。

他开始打听上大学的事情，三十年代的中国的大学很希罕，学费也很贵，除了学业好，还要有钱，这都是达官贵人的公子小姐们的事情，而这个没有钱也没有任何背景的小文书也想上大学，他该怎麽办呢？

1940年重庆是抗战时期的陪都和大后方，重庆大学作爲国立大学，有着完整的校舍和高质量的师资，抗战期间重庆大学延揽了许多从东北，北平，南京，上海等沦陷区 撤退到后方的学者名流，例如，北大教授马寅初被聘为重庆大学商学院院长。国立大学学费相对私立大学又便宜不少。重庆 大学 在当时成爲许多年轻学子的梦想。父亲想，要上就上名牌，重庆大学成了他的理想目标，他把自己的 学历和经历写了一封长信递上去，校方看他这封信的文字和文章水平，认为他虽然数理基础稍逊， 但人文水平远高于一般高中生，同意接受他为插班生。

他把自己想要上学的事和陈说了，陈看这个年轻人挺要上进，又忠心耿耿，就有意培养他，要做大事当然要有一帮有才能又信得过的帮手。陈答应借给他学费，并给他一个新民报驻沙坪坝通讯员的头衔，让他经常给报设提供一些大学校园的通讯，算作半工半读，条件是毕业后回新民报工作。就这样1940年他成了重庆大学商学院工商管理系二年级的插班生。在这裡，父亲遇到了我的母亲。

三. 宜宾: 母亲和她的"家"

母亲 1920 年生于四川宜宾, 我的外祖父在她俩三歳时就去世了, 留下两房年轻的寡妇和 一个年幼的女 儿。这两房太太都没有改嫁, 两人亲如姐妹, 守着这唯一的女儿和不多田产, 孤儿寡母清 清贫贫的过日子。她们一心一意把这 女儿当儿子养, 指望着她将来给养老送终。

后来我外婆的两个弟弟做起了生意, 生意红火起来。这两个兄弟为人仗义豪爽, 发了财以后, 看到兄弟姐妹生活困难, 就买了个大宅子, 把自己的亲戚都接到一处过。我的两个外婆带着母亲也住进了这个大院。

我曾问过母亲, 这个宅子有多大, 她说, 比大观园小, 但比巴金的"家"大, 除了舅舅两家, 还有三个姨妈家加上母亲一家, 共六家, 每家都有一到三个孩子。母亲自己家里虽然人丁单薄, 但到了舅舅 家, 姑表姨表兄弟姐妹一大堆, 就像巴金笔下的"家"一样, 表兄弟姐妹自幼在一起, 好像亲兄弟姐妹, 日子红红火火。 这种如亲兄弟姐妹的亲密关系维系了他们的一生。

两个舅舅自己没有念过什麼书, 但他们却很有长远眼光, 有钱后, 把这一堆孩子都送进了学堂, 除了西式学堂, 他们家还在暑假请来先生教孩子们写字念古诗词。两个舅舅可谓用心良苦, 条件已在这裡, 哪个孩子能成才就靠他们自己的天分和 努力了。可惜两个舅舅自己的几个孩子娇生惯养, 都不肯好好念书, 倒是寄居的几个姨妈家的孩子念书出息了, 解放后都当了国家干部, 这是后话。

在舅舅家, 母亲和外婆的生活比以前好多了, 舅舅舅妈对她们都很好。 但在这大院里人多, 是非也多。我的两个外婆因是寄居, 又是寡妇, 基本上是大门不出, 二门不迈, 家中的事除了照顾母亲的生活起居, 每日在房里念经拜佛, 作针綫活, 其它一概不过问, 以免惹事生非。她们也一再叮嘱母亲要忍让，不要事事出头逞强。住在舅舅家的母亲就像住在贾府的林黛玉，始终有一种寄人篱下的感觉。她事事留意，处处小心。她决心要好好争气，要自立自强，长大后要自己挣钱，供养母亲，答谢舅父的养育之恩。母亲在这几个表兄弟姐妹，最用功，成绩最好，还能写一手苍劲大气的柳体，古文底子也很扎实，每逢过年节，家里的门联都是她写的，她的门联给舅舅府上添光增彩，深得舅舅器重和喜爱。那时，这个大院的几个女孩子因为家里怕到高中少男少女在一起出事，都只念到初中。十七八岁找了个人家出嫁了，而母亲在家中读了许多现代文学，不想像她的表姐们一样把自己打发了，她想要上高中，舅舅也就同意了，送她进了宜宾的一个私立女子高中。能进这所高中的女孩子，大都家境富裕，思想新潮，几个闺中密友经常在一起读书，谈理想，谈未来，谈妇女解放，婚姻自由，她们要作新女性，要自己掌握自己的命运。1939年母亲高中毕业时考上了国立重庆大学，成为舅舅家里祖祖辈辈第一个大学生，按照舅舅的愿望，她上了重庆大学商学院工商管理系，舅舅希望为家族的后续发展培养人才，在她以后又有几个表弟上了大学，舅舅的苦心终于结果，受过教育的新一代改变了这个家族的命运，也改变了这些孩子们的命运。

四. 重庆大学: 校园学潮和校园之恋

当时能上大学的女生很少, 而且大都是在家政系, 艺术系或国文系, 学工商管理的女生真是凤毛麟角, 母亲 聪慧, 美丽, 文章好, 字也好, 自然是许多男生心目中的公主。

第二年父亲来到他们班上, 经过城市生活多年的薰陶和磨练, 他已不是那个 乡下娃了, 他身着浅色西装, 戴一幅金丝眼镜, 风度潇洒, 知识丰富, 谈吐不凡, 书法和文章更是一等一的, 他成熟而自信, 和那些从校门到校门的小男生相比, 显得格外与众不同。母亲被他的气质和文采深深吸引, 他们在一起谈论文学, 诗词, 谈抗战时局, 谈中国和他们的未来, 在校园里共同渡过了许多美好的时光。然而一场轰轰烈烈的学潮把这对恋人分开两地。

经济学家马寅初先生近年来以他在 1955 年提出的新人口论受到人们重新观注 和高度评价, 却鲜有人记得抗战时期, 马老曾经被国民党政府关进专为共产党政治犯设立的上饶集中营。当时任重大商学院院长的马寅初被称爲马大炮, 他仗义直言, 为民请民, 多次公开讲演揭露国民党政府贪污腐化, 官兵在前线浴血奋战, 而四大家族利用抗日战争发国难财, 他的讲演引起社会舆论的共鸣, 深得民心。1940 年 12 月 6 日马寅初被当局逮捕并被关押在上饶集中营, 这一事件在校园里和社会上激起民愤, 引发了一场以重大学生为主体的学潮。大学生们罢课, 游行, 要求当局释放马院长, 惩治贪污官员, 开放言论自由。"同学们大家起来, 担负起天下的兴亡。我们今天是桃李芬芳, 明天是社会的栋梁。"这慷慨激昂的毕业歌迴响在校园, 有哪个血性的青年能无动于衷, 父亲和母亲都是这场学潮的积极参与者, 作为新民报驻沙坪坝通讯员, 父亲向报社写了许多即时的现场报道, 向社会公佈学潮的进展和真相, 争取社会民众的支持, 这些及时, 真实而详细的报道使新民报成为重庆百姓们抢手的报纸, 新民报的销售量和广告量都大幅增加, 该报的 知名度也大大提高了, 这是陈铭德当初答应借父亲学费时没有想到的。充满正义感和社会责任感的母亲则出面组织游行和请愿活动, 并作了公开讲演, 成了风云一时的学潮领袖人物之一。

这场学潮的结果是马寅初院长从上饶集中营释放回重庆家中软禁, 不得再教书和公开讲演, 而母亲和几个出头的学生被重大开除了学籍。

母亲回到家中, 她的舅舅不想让她的学业半途而废, 设法将她转学到了成都的华西大学 (现华西医学院) 经济系。华西大学是美国人用庚子赔款在中国建立的几所教会大学之一 (清华, 协和, 湘雅, 华西), 御医李志绥就是该校 1945 年毕业生。 学校不大, 但学费很贵。舅舅不怕花钱, 只要她能继续上学。

华西大学 承传美国的教育体制, 许多课程用英文直接讲授, 传播西方自由平等博爱的理念, 特别是经济系, 基本是西方经济学体系。马克斯的资本论作为一派学说, 是一门必修课。 在这几年里, 母亲系统地学习了西方经济学, 英语突飞猛进, 西方自由平等博爱的思想特别是妇女解放, 婚姻自由和男女平等的观念对她影响深远。

经过这场学潮, 他们相互更加深了了解。这几年父亲在重庆, 母亲在成都, 那时重庆到成都, 可没有现在这样两个小时的成渝铁路, 只有一条坑坑洼洼崎岖的公路, 遇上雨季或山洪, 经常塌方出事故。但巴山蜀水隔不断两个热恋的年轻人, 他们频繁通信, 少则两三天多则一星期一封, 可惜这些信件未能保存下来。我曾开玩笑说, 如能保存到今, 可以出一本"两地书", 母亲倒一本正经的说, 一直保存的, 但1949 年离开重庆时留在家里, 房子被没收后, 东西都没有了。那时一有假期, 父亲就去成都看望母亲。两人分开两地达三年也没有把他们拆开, 他们的感情更深也更成熟。

五. 重庆: 母亲的"妇女与家庭"

华西大学是贵族学校, 华西的女生大多出身富裕家庭, 受到良好的教育, 又能讲英语, 被称为淑女, 她看到她的几个师姐毕业后嫁入豪门, 成为官夫人或阔太太, 虽然生活优越, 但她们没有经济独立, 精神并不愉快。她的舅舅想着这个聪明漂亮又受过良好教育的甥女也能攀上个达官贵人, 助他挤入上流社会, 但母亲可不愿这样过一辈子。

在舅舅家里, 凡事她的母亲不当家, 一切都是舅舅说了算。这些年来, 她感激舅舅的养育之恩, 舅父如她的父亲。 但是这件事, 她一定要自己当家做主, 不是她不想过舒适安逸富裕的日子, 因为她亲历了太多的故事。她的一个表姐由舅舅包办找了一个门当户对的婚姻, 但两人并不相爱, 那个男人经常在外拈花惹草, 表姐本来身体就不好, 再加上性格内向, 精神长期郁闷 , 婚后几年年纪轻轻的就过世了。她还有一个高中同学高中毕业后就嫁给四川军阀杨森作了第九房姨太, 几年后被折磨, 精神郁闷, 二十出头就走了。这听起来像电影和小说里的故事却是发生在她身边的真实经历。母亲想要找一个自己爱的而又真正爱自己的人, 她一心要嫁给父亲。

而父亲知道, 要娶到母亲, 必须过她舅舅这一关。舅舅家什麼东西都不缺, 什麼礼物都不希罕, 他即没有显赫的家世背景, 又没有万贯家产, 他有的是他的才能和他对母亲全心全意的爱, 他该怎麼办呢?

父亲带到她家的见面礼是一份装订的剪报, 里面都是他在报上发表过的文章报道, 还有一幅裱煳精美的他自己手书的对联, 舅舅看这见面礼不俗, 颇有新意, 很是欢喜。坐下来摆龙门阵, 从抗日时局到官场内幕, 从商场行情到国共之争, 分析得清清楚楚, 讲得头头是道。舅舅倒也不是封建脑筋, 看这年轻人肚里有墨水, 还有一股闯劲, 将来前程不错。 前车之鉴, 既然母亲愿意，他也不反对。他送给父亲的礼物是一支派克金笔。父亲不想高攀，也不想沾舅舅的光，他相信凭自己的能力，他能让妻子儿女过上好日子，他要求母亲结婚后，不再用娘家的钱。

1944 年母亲从华西大学毕业后，就和父亲在重庆结了婚，马寅初先生作为他们的证婚人主持了他们的婚礼。婚后，他们没有住进舅舅送给母亲的南温泉的别墅，而在新民报社附近找个房子，这样父亲上下班比较方便。

刚大学毕业的母亲和她和好友正芳办起了她们梦想已久的杂志"妇女与家庭"，她们要通过杂志宣传自己的的理念。母亲曾写过一篇杂文叫做"牵牛花和金丝鸟"，她写道，牵牛花虽然美丽，但只能攀绕在竹子上，一旦离开她赖以攀绕的竹子，就会死亡，关在笼里的金丝鸟虽然高贵，但没有自由，只是权贵手中的玩物。新时代的新女性要自立，自强，要独立和自由。她们还介绍了当代优秀新女性的代表人物，像冰心，何香凝，宋美龄。讲了一些年轻人反对包办婚姻，争取婚姻自由的故事，也揭露了包办婚姻造成的悲剧，其中就有她表姐的故事。她们从写稿组稿，到排版，较对，印刷，拉广告，发行，全都自己干，好在年轻人精力充沛，干劲十足，父亲有时间也帮她们写些稿子，提供些消息。由于这方面的题材以前的报纸杂志讲得不多，他们的几期出下来，在重庆的中青年知识女性中已有些影响，还有一些年轻人写信给她们讲自己的故事，虽然前几期她们还赔了点钱，但看来杂志是向兴旺的方向发展。

要说她们这个杂志讲的是妇女解放，应该和政治无关，但偏偏又扯上了关系。事情是从一篇文章"佳丽之死"开始。她们有一高中的好朋友，长得非常漂亮，被四川军阀杨森看上，杨森三教九流的女人玩腻了，想找个清纯的洋学生换换口味。就花了些钱逼迫她家，这个女孩子就成了他的第九房姨太太。两年后，这个女孩子因受虐郁闷，二十岁就去世了。当时在四川还是个大新闻。作为她的同窗和好朋友，母亲和正芳要为她出口气，讨个公道，"佳丽之死"这篇文章就是以这件事为基础写的，虽然没点名，但大家都知道说的是谁。

杨森当时正准备竞选省参事，这件事让他很丢脸，派人把这期 杂志从各发行点都抢走了，还留下狠话，要她们不要再过问他的家务事。年轻气盛又嫉恶如仇的母亲咽不下这口气，要和杨森公堂见。母亲这时已怀孕，父亲不想让她受到伤害，坚决要她就此打住。这样，母亲的"妇女与家庭"仅仅几个月的寿命就夭折了。这是他们毕业后走上社会受到的第一次挫折。

1945 年 8 月15 日，是中国近代史上最值得庆贺的一天。母亲回忆说，那天，她听到外面乒乓的响声，以为又是日本飞机来轰炸，抱起刚刚满月的我就往门外跑，到了街上，看到人山人海，鞭炮乒乓，中国人民经过八年艰苦的浴血奋战，终于迎来了抗日战争的胜利，日本鬼子投降了！父母亲给我起名叫平，表达了他们对未来的期望，老百姓对和平的期盼。

我两，三岁时

第三部: 北京岁月 (1949-1966)

一家人在北京

一. 土改和思想改造

　　1949 年 8 月爸爸从华北新闻学校毕业, 去了人民日报社, 妈妈由梁柯平介绍到了刚刚成立的北京市妇联在宣传科工作。我的二妹妹 1950 年元月在协和医院出生。因为是解放以后出生, 就叫周放。在当时爸爸有几个选择, 陈铭德想让他回新民报担任副总编, 光明日报和文汇报都有老朋友, 给他的位置也不错, 但他仔细分析了当时的局势, 看清楚了, 一定要靠近党中央。人民日报可不是想进就进的, 他是由当时人民日报副主编胡绩伟介绍, 进入了人民日报。这是他一生中做出的最重要, 最明智的决定。后来局势的发展证明了他的远见和睿智。作为我们家的掌门人和舵手, 在后来几十年的惊涛骇浪中, 他竭尽全力保护自己的家人孩子, 给了我们一个温暖安全的家。

父亲和女儿们

　　报社给我们分了两间房子, 万庆馆胡同一号, 就在故宫东华门的边上。是人民日报的职工宿舍。据说这是宫内一个大太监的宅子, 离宫里近, 皇上可以随叫随到。这是一个四进的四合院, 设备和条件比一般四合院要好。爸妈也第一次了解到党内的等级制度。几个大牌记者编辑住在北边的正房, 其他职工根据资历和职位分配房子。我们家住在进门两个小小的东厢房。1952

年三妹周环出生，傻弟弟周益也从四川接回来了。那时孩子们小，还有个傻孩子，我们家 6 口加上保姆在那个房子里，房子虽然小，但离他们上班的地方近，一家人就这么过了好几年。

报社把爸爸分到了发行科。他曾经不理解，还闹过情绪，觉得自己是大学生（当时大学生可是金豆子啊）有多年记者工作经验，在重庆也反对国民党，支持学生运动。后来生活教育了他，这发行科是安排一些有资历而没有文化和工作能力的老人的地方，基本都是从解放区过来的，全科大概就他一个不是党员。这人民日报发行科没有什么特别的业务，党报不用搞市场营销，发行量根本不是问题。发行科主要搞一些报纸印刷运输过程中的问题。爸爸年轻（33岁）有文化，有工作经验，对人实诚，工作卖力气，很快就成了科里的骨干力量。苦活累活当然也都是他的. 1950 年，科里要一人去参加报社的土改队到湖南乡下搞土改，这差事当然落在他身上。一年以后我们再看到爸爸，蓬头垢面，一件破棉袄，一身虱子。妈妈把他全身的衣裳全都烧掉，好好洗了个澡。他以后从没有对我们讲过土改的故事，这是GCD 给他上的第一课。

小时候我印象最深的是爸妈 晚上老是要 政治学习，星期一到六几乎都是要过了十点才回家，保姆带着周益老早就睡了，两个妹妹幼儿园住校，我一个人好无聊，等着等着就睡着了。他们说工作很忙还要政治学习，学什么呢，实际上就是一场清理阶级队伍，这次是人人过关。一开始是自我交代历史，解放前的经历，每一段都要有两个以上的证明人。然后自己自我批判，旧社会对自己的影响。他们都不是党员，经历看来复杂些，就格外费时间。我后来看到他们写的历史交代，那时的人都很单纯，相信党。党说你自己说了算坦白交代，自己不写查出来，后果自负。他们生怕什么事情遗忘了，大大小小什么事情都交代。比如初中（16岁）时参加过四川的袍哥会，解放后袍哥会被定为反动教会。但他交往的有很多共产党员和民主党派人士，这些人都可以证明他当时的历史，翻过来查过去，也没有查出什么上纲上线的东西。爸爸最大的问题就是当时为什么不积极入党，个人英雄主义，个人奋斗思想严重，没有共产主义的远大目标。妈妈呢主要交代她两个舅舅的发家史以及她在美国学校（华西大学）受的资产阶级教育的影响，要和资本主义划清界限。这次清理确实把一些人从国家机关清理出去了，比如妈妈的同事刘克然的先生不知隐瞒了什么，被抓进了监狱。爸妈两人一路算平安过关。一次次的政治运动使他们慢慢了解了这个社会的生存规则，特别是在中央机关，他们学会了要如何保护自己。

二. 工资改革

　　他们刚参加工作时是供给制，单位给分个房子，每个人给点津贴，是根据你的资历， 职位还有家里人口来定，因为通货膨胀厉害，按几百斤小米来算。这些钱也就将将够一家人吃饭。1955 年，政府进行了工资改革建立了工资级别和工资标准。 工人，干部，教师，工程师，军人都有各自的标准。这是解放以后一直到文革结束唯一一次全面定级，大部分人一直拿着这个工资过了一辈子。俗话说天子脚下七品官，京城大小官员如毛，各中央机关又是近水楼台先得月，北京的各级干部定级也就水涨船高。

周家三姐妹

　　发行科已经升级为发行处，处长赵国臣是个从解放区过来的老革命，文化水平不高，身体也不太好，老赵还是挺惜才的，处里的业务基本上交给爸爸，比如给上级写报告，制定工作计划，工作安排等等。提升他为发行处副处长，定级为行政 15 级。当时处里有几个资历比他老的党员也才定了 17 级。他能评上 15 级除了他自己的努力和工作能力，还有一条，他是民盟老盟员，党的机关里需要有民主党派成员来做花瓶。妈妈在市妇联宣传部，部长叫吕果，是个老姑娘还是个工作狂。妈妈可是有四个小孩子，但她是个特别要强的人，她把两个小的送到住宿幼儿园，家里找了保姆照顾弟弟周益，自己则全心全意扑到工作上。加班出差，熬夜，样样都不落后，文章才气又是一等一的，虽然参加工作比较晚也给定了行政 17 级。在北京 15 级工资 124 元，17 级是 99 元。要知道，当时许多青年工人的工资 36 元，大学毕业生的工作 56 元都可以养活一家人，他们这个收入真是不错。

家里的收入一下子增加了不少，我们在 1956 年又搬到了人民日报宿舍吉兆胡同 3 号，房子宽敞了不少，全家都很高兴。爸爸买了一台收音机，孩子们的生活丰富了很多，我们可以听小喇叭了，还可以听连阔如的评书和音乐了。

三. 除四害反右运动

妈妈在妇联的工作主要是配合各次运动, 加强在妇女当中的工作, 比如, 北京市解放妓女, 宣传新婚姻法, 妇女识字, 除四害.

风华正茂的母亲 33 岁

除四害我的印象比较深, 四害是苍蝇蚊子老鼠麻雀, 老师要每个学生每天要交打死的苍蝇蚊子, 交打死的老鼠尾巴, 老师数完以后才能扔. 北京还搞过一个麻雀歼灭战, 连续5天, 全市工人不上班, 学生不上学, 从早上老老小小拿着棍子在院子里敲锣打鼓, 吆喝, 不让麻雀休息, 说这样可以把麻雀累死. 搞了四五天, 也不知道打死了多少麻雀. 我们这些小孩都知道这些都是瞎浪费时间, 白费工夫, 大人们怎么干这么愚蠢的事情.

计划生育是妇联的任务, 因为当时每家基本上是四个孩子, 有的家还有五, 六 个, 妈妈说计划生育不搞将来就是大问题, 1956 年刚刚开始搞计划生育, 因为毛主席讲人多好办事, 风向一下子又变了, 报上开始批判马寅初的新人口论. 妇联树立了苏联一个生了 8 个孩子英雄妈妈的典型, 鼓励妇女多生小孩。妈妈当时想不通，但也不敢提出，只是在家里说说。

1957 年的春天，大鸣大放时期开始了。中国的知识分子们觉得可以 畅所欲言了。 爸爸当时可以看参考消息，他们是民盟的盟员，可以看到盟讯，信息来源比较全面，爸妈在家里议论说储安平讲的民主党派是花瓶是实际情况，章伯钧提出的政治设计院是挺好的模式，和西方的议会制有相似之处。但在国家机关这些年的运动一次次教育了他们，他们明白了了祸从口出的道理，也很清楚自己在单位的处境，他们选择了沉默。他们虽然逃过了这场腥风血雨，但他们的许多老朋友都在这场风暴中倒下，当时中国最大的三个右派章伯钧，章乃器，储安平，都是民盟中央成员，成为全国人民大批判的对象。反右斗争的结果是最有影响力的民主党派民盟中央几乎全军覆灭，宣教口的知识分子像大学教授，文汇报，光明日报的编辑很少有漏网。他们目睹了戴上右派分子的帽子以后这些人和他们的家人的命运的发生了巨大的变化。爸妈是那种心地善良，仗义的人，特别是自己的亲戚和好朋友处在人生低潮倒霉的时候。妈妈的表弟朱安亮是解放前的地下党，反右运动以前已经担任了北京市委秘书长的位置，他年轻气盛这些年职场得意，说话有点口无遮拦，自然成了人家打击的目标，被划为右派，开除党籍，职位一撸到底，工资减了 70%，下放到乡下去劳动。几年以后才回到城里在工厂当普通工人。朱安亮下乡以后， 他老婆思想一直不稳定，想离婚，妈妈就一次次去做思想工作，对她说孩子还小，离了婚也不会把成分变好，反而把自己一家人分开了。夫妻要同甘苦共患难，一家人还会有明天。妈妈还经常去帮她照顾孩子，挽救了他们的婚姻。妈妈的一个闺蜜华西校友唐淑清的先生是归国留美博士，也被打成右派，因为是归侨， 对他从宽处理，只是把工资从 200 多元降到 70 多元，也不让教书了。他们家的生活水平一下子降了一大截，又把他们调离北京。爸妈对他们留在北京上学的两个孩子祝雪和祝陶特别关照，像待自己的孩子一样。他们经常到我家来蹭饭，有问题找爸妈商量求助，我们也把他们当做自己的哥哥姐姐。

四. 大跃进大炼钢铁，上山下乡

反右以后 1958 年全国开始大跃进，那时报纸上每天都在放卫星，今天亩产五千斤，明天就是一万斤，最高亩产水稻 20 万斤。大家都不相信，但谁也不说。我 1958 年考入北京女一中（现在 166 中学），九月份开学时，全国都在大炼钢铁，北京市从街道到学校，从机关到商店，全民都在炼钢。上学第一天就是参加土炉炼钢。我们低年级的主要是去找废钢铁，老师和高中学生就用耐火砖搭个炉子，配上风箱底下铺一层媒和焦炭，上面放上碎铁块，当烧到一定温度，铁块变软，待炉子冷却以后，学校的师生就拿着这铁疙瘩送到西城区委向党献礼。不知区委拿到这堆铁疙瘩能干什么？

到了 1959 年，粮食开始有点紧张，副食和肉类也越来越少。国家号召农村有家的就主动回乡务农，农村没有家的也下放农村劳动锻炼。妈妈那时下放到北京郊区大兴县红星公社锻炼，住在石大爷家，那时下乡干部都是和社员同吃同住同劳动，叫做派饭，干部按照规定给房东粮票和钱，北京市的标准是每天一斤粮票四毛钱，当时的大米白面大约是一毛钱一斤，这个标准对于一般农民家庭是很珍贵的。农民平时见不到粮票，也很少有现金，有个干部住在家里加一副碗筷，还有粮票和现金拿，农民还是挺欢迎下放干部住在他们家。石大爷的大女儿叫石敬岚，初中毕业后考上了北京农机学校，石大爷说家里穷，孩子多，不想让大闺女去上学。石敬岚很委屈，老是哭。妈妈就做石大爷的工作，妈妈承担了敬岚的学费资助她上完中专，成了国家干部，妈妈的善举改变了这个农村姑娘的人生命运。

五. 下放吉林蛟河县

　　爸爸在 1960 年随报社一个下放小分队到吉林省蛟河县一个公社去劳动锻炼，那年我上初二，暑假爸爸叫我去那里看看他，也让我锻炼锻炼。他们大约有十来个人，都是单位上不受待见，但又找不到什么大问题的人。住的就像知青一样的集体户，进门一个堂屋，男女分住左右两边，我去了，就跟几个阿姨们住在一起。他们也不做饭，怕他们搞特殊化，都是分到贫下中农家里，每顿交粮票和钱，和知青不同，这帮人级别都不低，不少人工资过一百，在当地人看来都不可想象。公社也不指望他们干多少活，经常跟农民到地里意思一下就行了，也不累。只是在这里消息闭塞，在老乡家的伙食油水太少。一到休息日，他们就到县里去打牙祭，大吃大喝一顿。他们的领队是个 13 级干部苗枫。爸爸跟他建立了很好的私人关系。从下放回到报社以后，苗枫就调到新疆当了新疆日报的总编。后来苗枫在新疆帮了我们家很多忙。

六. 人民日报航空版

人民日报的前身是在晋察冀解放区的华北日报，49 年进城以后马上由毛题词改成人民日报，当时的报社的地址是在王府井的几个小院子里。报社是中共里面知识分子成堆的地方。爸爸因为不是党员，就被分到了发行处。

人民日报是党中央机关报，不存在推销发行的问题，但存在报纸流通的问题，解放初期，所有的报纸都是在北京的人民日报印刷厂印的然后从火车运到全国各地，有些偏远省份要在一星期以后才能看到。发行处的主要任务就是把当日的报纸尽快送上火车，当时发行处处长赵国臣是从华北日报过来的老党员，文化不高，身体又不太好，基本上是在家养病。爸爸虽然不是党员，但是实际上的业务副处长，发行处的实际业务都是他在负责。

他在 62 年前后提出了纸型版的方案，（具体他从哪里得到这个信息，我不知道）就是每次当报纸的铅字版排好以后，就用纸浆浇出纸型模子，然后把纸型模子送到全国各地的省报印刷厂。他和人民日报印刷厂的技术员经过多次试验，改进了纸型的质量和精确度。下面就是要到当地的印刷厂一个一个解决把纸型浇注成铅板的问题。当然不是每一个省都要去，只是一些比较大的省的大城市比如上海，武汉，广州，成都，西安。

这段时间他出差比较多，而且因为要了解航空版运输的情况，每次都是坐飞机去，在飞机场有个好处就是买点心不用粮票，也不要点心票，每次出差回来爸爸就给我们带回机场的桃酥，有时还会有香蕉，苹果，真好吃。每次出差，因为是党中央机关报派下来的大员，各省都是省报主编和印刷厂厂长亲自接待，吃住都很周到，周末还带去当地名胜古迹游玩。这可真是美差，报社一些人很羡慕嫉妒，好几次邓拓的秘书和人事部门的头头要求跟他一起去出差，爸爸脾气耿直，觉得他们假公济私，浪费国家的钱，直接给拒绝了。没想到得罪了小人，这是他66年被贬至新疆的主要原因。

人民日报航空版是成功的，到了1965年除了新疆西藏，全国各个省会基本上可以看到当天的人民日报. 这个革新由人民日报开路，其他中央报纸比如解放军报， 中国青年报都先后向他们学习。

纸型版的主要问题是印刷的精度和照片的质量不行，到了65年爸爸他们集中精力解决印刷质量问题，并且在探索学习国外的传真的技术。准备应用到人民日报排版的技术革新上面去。

七. 到新疆去

1966 年春节, 爸爸向全家宣布, 他要调到新疆兵团去工作。那一年他刚满50 岁。 他说人事部春节前通知他新疆兵团要成立兵团战报请求人民日报支援, 报社要调动十一个人到新成立的兵团战报工作, 他是其中之一。爸爸在报社这十七年一下明白了到底是怎麽回事, 不是跟你商量, 没有条件好讲, 也没有任何选择, 只有服从。

1966 年春节后, 爸爸妈妈带着两个刚上中学的妹妹周放周环踏上了去新疆的火车, 因为我已经上大学了。留在了北京, 还有我的弟弟周益住在福利院。我到火车站送他们去新疆, 望着远去的火车, 心里感到非常孤单, 我以后在北京再也没有家了。我还要照顾周益。

几个月后, 文化大革命就开始了。我们家的动荡也从此开始。

尾声：缘起

我想分享这本书的由来。我妈妈一直喜欢写作。她的文章不只是讲自己的经历，也是在分享她的看世界的方式。

2025年初癌症确诊以后，她告诉我她还有一个未了的心愿：把她的文章集结成一本回忆录。于是这成了我们共同的目标。

在后面的几个月，我们找稿子、编辑，设计封面。我们不只是编辑，而是我们一起重新走过这些过去的岁月。

病情加重后，她的体力越来越差，最后的有些章节只来得及留下提纲。带着这些不完整，我们还是决定把书出版——因为人生很少十全十美，但依然值得被记下。

我知道，她还有一个未说出口的心愿，她希望自己的故事能翻译成英文，她希望孩子、孙辈，甚至未来还没见到她的人，都能真正认识她。她觉得这个工作量太大，而我又太忙，她不想让我为难，而我我不想让她留下遗憾，于是我与时间赛跑，把她的文字翻成英文，终于在她离开的前五天完成了英文版。

对她而言，这是了却一件重要的心愿；

对我而言，这是一段非常珍贵的、只属于我们母女的时光。

我很感恩能在她生命的最后阶段，以这样的方式陪伴她、倾听她、更深一层的了解她

这本回忆录，是她留给我们的礼物，她用行动昭示了一个真理：即便历史可以限定我们身处的舞台，却无法定格我们人生的终章。这本书诠释了当一

切身外之物被剥离后，生命中真正坚不可摧的力量：是家人、是爱的守望，以及那奔腾不息的希望之河。

———杨峻

女儿、译者与编辑